DSGVO-Fibel

Ratgeber und Referenz zur europäischen
Datenschutz-Grundverordnung

Lars Dibbern

Die Information in diesem Buch werden ohne Rücksicht auf Patentnahmen und eingetragene Warenzeichen veröffentlicht. Warennamen werden ohne Gewährleistung ihrer freien Verwendbarkeit genutzt.

Bei der Zusammenstellung der Informationen wurde mit größter Sorgfalt vorgegangen. Da trotzdem Fehler nicht vollständig ausgeschlossen werden können, übernimmt der Autor keine juristische Verantwortung oder irgendeine Haftung für fehlerhafte Angaben.

Für Verbesserungsvorschläge und Hinweise auf Fehler ist der Autor Dankbar.

Alle Rechte vorbehalten, auch die fotomechanische Wiedergabe und die Speicherung in elektronischen Medien.

Fast alle Firmen- und Produktbezeichnungen sowie Stichworte und sonstige in diesem Buch verwendete Angaben sind als eingetragene Marken geschützt. Da es nicht möglich ist, in allen Fällen zeitnah zu ermitteln, ob ein Markenschutz besteht, wird das ® Symbol in diesem Buch nicht verwendet.

Copyright © 2018 Lars Dibbern

ISBN: 1719447314

ISBN-13: 978-1719447317

Autor und Herausgeber: Lars Dibbern

www.dibbern.biz

Haftungsausschluss

Dieses Buch stellt keine Rechtsberatung dar und soll und kann keine juristische Rechtsberatung ersetzen. Die DSGVO-Fibel soll zur Orientierung und Hilfestellung zur neuen DSGVO dienen. Deshalb verstehen sich alle folgenden Informationen ohne Gewähr auf Richtigkeit und Vollständigkeit. Außerdem übernimmt der Autor aus rechtlichen Gründen keine Rechtsberatung.

Inhaltsverzeichnis

1. **GELEITWORT** 9
   1.1 Wie „funktioniert" dieses Buch? 10

TEIL 1 EINFÜHRUNG UND ÜBERBLICK 12

EINFÜHRUNG 12

   1.2 Motivation für eine EU-weit gültige DSGVO 13
      1.2.1 *Abhängigkeit vom Internet* 14
      1.2.2 *Digitale Leibeigenschaft* 14
   1.3 Digitalisierung vorhandener Berufsbilder 14
   1.4 Dienstleistungen 15

2. **GRUNDLEGENDES ZUR DSGVO** 16
   2.1 Schutz der Menschen, nicht der Daten 16
   2.2 Persönliche Daten sind überall 17
   2.3 „Datensouveränität" 18
   2.4 Welche Firmen unterliegen der DSGVO? 18
   2.5 Umsetzung der DSGVO 21
   2.6 Öffnungsklauseln 23
      2.6.1 *Allgemeine Verunsicherung - DSGVO in Deutschland* 23
      2.6.2 *Einzelne Öffnungsklauseln* 25
         i) Allgemeine Beschränkungen 25
         ii) Spielräume bei der Einwilligung zur Datenverarbeitung 26
         iii) Spielräume bei Archivzwecken, Forschungszwecken oder statistischen Zwecken 27
         iv) Spielräume bei der Vertretung von Betroffenen durch NGOs 27
         v) Spielräume bei Geldbußen und Sanktionen 27
         vi) Spielräume bei der Auflösung von Grundrechtskonflikten 27
   2.7 Ausblick auf die weitere Entwicklung 28
      2.7.1 *Schwächung des Mittelandes* 28
      2.7.2 *Die ePrivacy-Verordnung* 28
      2.7.3 *Weitere Auswirkung der DSGVO* 29
   2.8 Erste „Zersetzungserscheinungen" 30

3. **DER „GEIST" DER DSGVO** 32
   3.1 Die Sache mit der Datenhoheit 33
   3.2 DSGVO und BDSG 34
   3.3 Ausnahmen und Erleichterungen 36

3.3.1	*Vorschriften für besondere Verarbeitungssituationen*	*36*
3.3.2	*Verarbeitung der Daten Verstorbener*	*37*
3.4	KEINE KATZ- UND MAUS-SPIELE MEHR	37
4.	**DEINE RECHTE ALS KUNDE UND NUTZER**	**39**
4.1	ERWEITERTE AUSKUNFTSPFLICHTEN	40
4.2	DEIN RECHT AUF EINWILLIGUNG UND ZWECKBINDUNG	40
4.3	DEIN RECHT AUF DATENMINIMIERUNG	41
4.4	DEIN RECHT AUF NICHTAUTOMATISIERTE ENTSCHEIDUNGEN	41
4.5	DEIN RECHT AUF KORREKTHEIT DEINER DATEN	42
4.6	DEIN RECHT AUF BENACHRICHTIGUNG	43
4.7	DEIN RECHT AUF WIDERRUF	43
4.8	DEIN RECHT AUF WIDERSPRUCH	45
4.9	DEIN RECHT AUF LÖSCHUNG	46
4.10	DEIN RECHT AUF DATENÜBERTRAGBARKEIT	47
4.11	DEIN RECHT AUF BESCHRÄNKUNG DER VERARBEITUNG DEINER DATEN	48
4.12	DEIN RECHT AUF HAFTUNG UND SCHADENERSATZ	48
5.	**DEINE PFLICHTEN ALS VERANTWORTLICHER**	**50**
5.1	DEINE PFLICHTEN IM HINBLICK AUF DIE RECHTE DER NUTZER	50
5.2	VERBOT MIT ERLAUBNISVORBEHALT	52
5.3	DER DATENSCHUTZBEAUFTRAGTE	52
5.4	DAS VERARBEITUNGSVERZEICHNIS	52
5.4.1	*Kategorien von Unternehmen*	*54*
5.5	DIE DATENSCHUTZERKLÄRUNG	55
5.6	DATENSCHUTZ-FOLGENABSCHÄTZUNG	55
5.7	WEITERE BEREITZUHALTENDE INFORMATIONEN	55
5.8	VERSCHLÜSSELUNG	56
5.9	AUFTRAGSVERARBEITUNG UND TRACKING	57
5.10	GEMEINSAM FÜR DIE VERARBEITUNG VERANTWORTLICHE	57

TEIL 2 DAS GESETZ **59**

Kapitel I	**Allgemeine Bestimmungen**	**59**
Artikel 1	Gegenstand und Ziele	59
Artikel 2	Sachlicher Anwendungsbereich	59
Artikel 3	Räumlicher Anwendungsbereich	60
Artikel 4	Begriffsbestimmungen	61
Kapitel II	**Grundsätze**	**66**

Artikel 5	Grundsätze für die Verarbeitung personenbezogener Daten............. 66
Artikel 6	Rechtmäßigkeit der Verarbeitung... 67
Artikel 7	Bedingungen für die Einwilligung 69
Artikel 8	Bedingungen für die Einwilligung eines Kindes in Bezug auf Dienste der Informationsgesellschaft.. 70
Artikel 9	Verarbeitung besonderer Kategorien personenbezogener Daten....... 70
Artikel 10	Verarbeitung von personenbezogenen Daten über strafrechtliche Verurteilungen und Straftaten.. 72
Artikel 11	Verarbeitung, für die eine Identifizierung der betroffenen Person nicht erforderlich ist 73

Kapitel III Rechte der Betroffenen Person.. 74

Abschnitt 1 Transparenz und Modalitäten.. 74

Artikel 12	Transparente Information, Kommunikation und Modalitäten für die Ausübung der Rechte der betroffenen Person 74

Abschnitt 2 Informationspflicht und Recht auf Auskunft zu personenbezogenen Daten 76

Artikel 13	Informationspflicht bei Erhebung von personenbezogenen Daten bei der betroffenen Person 76
Artikel 14	Informationspflicht, wenn die personenbezogenen Daten nicht bei der betroffenen Person erhoben wurden 78
Artikel 15	Auskunftsrecht der betroffenen Person 81

Abschnitt 3 Berichtigung und Löschung.. 83

Artikel 16	Recht auf Berichtigung.. 83
Artikel 17	Recht auf Löschung („Recht auf Vergessenwerden") 83
Artikel 18	Recht auf Einschränkung der Verarbeitung 85
Artikel 19	Mitteilungspflicht im Zusammenhang mit der Berichtigung oder Löschung personenbezogener Daten oder der Einschränkung der Verarbeitung... 86
Artikel 20	Recht auf Datenübertragbarkeit 86

Abschnitt 4 Widerspruchsrecht und automatisierte Entscheidungsfindung im Einzelfall 87

Artikel 21	Widerspruchsrecht 87
Artikel 22	Automatisierte Entscheidungen im Einzelfall einschließlich Profiling.. 88

Abschnitt 5 Beschränkungen... 89

Artikel 23	Beschränkungen 90

Kapitel IV Verantwortlicher und Auftragsverarbeiter.. 91

Abschnitt 1 Allgemeine Pflichten.. 91

Artikel 24	Verantwortung des für die Verarbeitung *Verantwortlichen* 91
Artikel 25	Datenschutz durch Technikgestaltung und durch datenschutzfreundliche Voreinstellungen 92

Artikel 26	Gemeinsam für die Verarbeitung *Verantwortliche*	93
Artikel 27	Vertreter von nicht in der Union niedergelassenen *Verantwortliche*n oder Auftragsverarbeitern	94
Artikel 28	Auftragsverarbeiter	95
Artikel 29	Verarbeitung unter der Aufsicht des *Verantwortlichen* oder des Auftragsverarbeiters	97
Artikel 30	Verzeichnis von Verarbeitungstätigkeiten	98
Artikel 31	Zusammenarbeit mit der Aufsichtsbehörde	101

Abschnitt 2 Sicherheit personenbezogener Daten 101

Artikel 32	Sicherheit der Verarbeitung	101
Artikel 33	Meldung von Verletzungen des Schutzes personenbezogener Daten an die Aufsichtsbehörde	103
Artikel 34	Benachrichtigung der von einer Verletzung des Schutzes personenbezogener Daten betroffenen Person	105

Abschnitt 3 Datenschutz-Folgenabschätzung und vorherige Konsultation 106

Artikel 35	Datenschutz-Folgenabschätzung	106
Artikel 36	Vorherige Konsultation	109

Abschnitt 4 Datenschutzbeauftragter 110

Artikel 37	Datenschutzbeauftragter	110
Artikel 38	Stellung des Datenschutzbeauftragten	112
Artikel 39	Aufgaben des Datenschutzbeauftragten	113

Abschnitt 5 Verhaltensregeln und Zertifizierung 114

Artikel 40	Verhaltensregeln	114
Artikel 41	Überwachung der genehmigten Verhaltensregeln	116
Artikel 42	Zertifizierung	117
Artikel 43	Zertifizierungsstellen	118

Kapitel V Übermittlungen personenbezogener Daten an Drittländer oder an internationale Organisationen 120

Artikel 44	Allgemeine Grundsätze der Datenübermittlung	120
Artikel 45	Datenübermittlung auf der Grundlage eines Angemessenheitsbeschlusses	121
Artikel 46	Datenübermittlung vorbehaltlich geeigneter Garantien	123
Artikel 47	Verbindliche interne Datenschutzvorschriften	124
Artikel 48	Nach dem Unionsrecht nicht zulässige Übermittlung oder Offenlegung	127
Artikel 49	Ausnahmen für bestimmte Fälle	127
Artikel 50	Internationale Zusammenarbeit zum Schutz personenbezogener Daten	129

Kapitel VI Unabhängige Aufsichtsbehörden 130

Abschnitt 1 Unabhängigkeit 130

Artikel 51	Aufsichtsbehörde	130
Artikel 52	Unabhängigkeit	130
Artikel 53	Allgemeine Bedingungen für die Mitglieder der Aufsichtsbehörde	131
Artikel 54	Errichtung der Aufsichtsbehörde	132

Abschnitt 2 Zuständigkeit, Aufgaben und Befugnisse *133*

Artikel 55	Zuständigkeit	133
Artikel 56	Zuständigkeit der federführenden Aufsichtsbehörde	133
Artikel 57	Aufgaben	134
Artikel 58	Befugnisse	136
Artikel 59	Tätigkeitsbericht	140

Kapitel VII Zusammenarbeit und Kohärenz 141

Abschnitt 1 Zusammenarbeit *141*

Artikel 60	Zusammenarbeit zwischen der federführenden Aufsichtsbehörde und den anderen betroffenen Aufsichtsbehörden	141
Artikel 61	Gegenseitige Amtshilfe	143
Artikel 62	Gemeinsame Maßnahmen der Aufsichtsbehörden	144

Abschnitt 2 Kohärenz *146*

Artikel 63	Kohärenzverfahren	146
Artikel 64	Stellungnahme Ausschuss	146
Artikel 65	Streitbeilegung durch den Ausschuss	148
Artikel 66	Dringlichkeitsverfahren	149
Artikel 67	Informationsaustausch	150

Abschnitt 3 Europäischer Datenschutzausschuss *150*

Artikel 68	Europäischer Datenschutzausschuss	150
Artikel 69	Unabhängigkeit	151
Artikel 70	Aufgaben des Ausschusses	152
Artikel 71	Berichterstattung	155
Artikel 72	Verfahrensweise	155
Artikel 73	Vorsitz	155
Artikel 74	Aufgaben des Vorsitzes	155
Artikel 75	Sekretariat	155
Artikel 76	Vertraulichkeit	155

Kapitel VIII Rechtsbehelfe, Haftung und Sanktionen 155

Artikel 77	Recht auf Beschwerde bei einer Aufsichtsbehörde	155
Artikel 78	Recht auf wirksamen gerichtlichen Rechtsbehelf gegen eine Aufsichtsbehörde	155
Artikel 79	Recht auf wirksamen gerichtlichen Rechtsbehelf gegen Verantwortliche oder Auftragsverarbeiter	156
Artikel 80	Vertretung von betroffenen Personen	156
Artikel 81	Aussetzung des Verfahrens	156

Artikel 82	Haftung und Recht auf Schadenersatz	156
Artikel 83	Allgemeine Bedingungen für die Verhängung von Geldbußen	157
Artikel 84	Sanktionen	157

Kapitel IX Vorschriften für besondere Verarbeitungssituationen 158

Artikel 85	Verarbeitung und Freiheit der Meinungsäußerung und Informationsfreiheit	158
Artikel 86	Verarbeitung und Zugang der Öffentlichkeit zu amtlichen Dokumenten	159
Artikel 87	Verarbeitung der nationalen Kennziffer	159
Artikel 88	Datenverarbeitung im Beschäftigungskontext	159
Artikel 89	Garantien und Ausnahmen in Bezug auf die Verarbeitung zu im öffentlichen Interesse liegenden Archivzwecken, zu wissenschaftlichen oder historischen Forschungszwecken und zu statistischen Zwecken	160
Artikel 90	Geheimhaltungspflichten	161
Artikel 91	Bestehende Datenschutzvorschriften von Kirchen und religiösen Vereinigungen oder Gemeinschaften	161

Kapitel X Delegierte Rechtsakte und Durchführungsrechtsakte 161

Artikel 92	Ausübung der Befugnisübertragung	161
Artikel 93	Ausschussverfahren	162

Kapitel XI Schlussbestimmungen 162

Artikel 94	Aufhebung der Richtlinie 95/46/EG	162
Artikel 95	Verhältnis zur Richtlinie 2002/58/EG	162
Artikel 96	Verhältnis zu bereits geschlossenen Übereinkünften	162
Artikel 97	Berichte der Kommission	162
Artikel 98	Überprüfung anderer Rechtsakte der Union zum Datenschutz	162
Artikel 99	Inkrafttreten und Anwendung	163

ANHANG: DSGVO VS. GDPR – BEGRIFFE 164

1. Geleitwort

An der Datenschutz-Grundverordnung (DSGVO) kommt niemand vorbei – und sie verfolgt Dich in den allen Lebens- und Arbeits-Situationen, in denen personenbezogene Daten verarbeitet werden – einzige Ausnahme bildet die Verarbeitung ausschließlich familiärer Daten, z.B. im Rahmen einer Familien-Homepage.

Die DSGVO ist schlichtweg zu wichtig, als dass Du sie allein den Juristen und Datenschutzbeauftragten von Ländern oder Unternehmen überlassen solltest. Die DSGVO stellt einen wichtigen Teil der Verkehrsregeln des Internets dar, wobei „Internet" für jegliche Verarbeitung personenbezogener Daten im Web und anderswo steht.

Neben den Vorteilen für Dich im Sinne der Transparenz und Sicherheit bei der Datenverarbeitung hat die DSGVO in allerdings einige unschöne Nebeneffekte:

➔ Verunsicherung bei den Betreibern „kleiner" Internetpräsenzen auf der einen Seite

   sowie

➔ Stärkung gerade der großen Plattform- und Dienst-Anbietern wie z.B. Alphabet (Google, Blogger.Com) oder Facebook.

Dies ist umso ironischer, als dass der Text der DGVO hervorhebt, auf die Belange kleiner und mittlerer Unternehmen (KMU) Rücksicht nehmen zu wollen. Genau das tut die DSGVO allerdings nicht, sondern sie überlässt die konkreten Regelungen zur mittelstandsfreundlichen Gestaltung der nationalen Gesetzgebung Deines Landes in Form von Öffnungsklauseln, die es erlauben, die Regelungen den Bedürfnissen der einzelnen EU-Mitgliedsstaaten anzupassen!

Wenigstens haben aufgrund des Lippenbekenntnisses im Text der DSGVO zum Schutz von KMUs die Gerichte eine Handhabe, KMU-freundliche Urteile zu fällen.

Bis aber mittelstandsfreundliche Gesetze verabschiedet und entsprechende Urteile gesprochen werden, werden, so meine Befürchtung, werden noch viele (Massen-) Abmahnbescheide von „Abmahnanwälten" die Kanzleien verlassen – und diese werden die Geldbörsen kleiner Gewerbetreibender, Freiberufler, Blogger etc. zum Ziel haben, nicht die Konten Großer Firmen mit versierten Hausjuristen.

Im Unterschied zu anderen Gesetzen, z.B. Hausbaugesetzgebungen, die nur dann für Dich relevant werden, wenn Du eine Immobilie baust/bauen lässt oder renovierst/erweiterst, ist die DSGVO allgegenwärtig, sobald eine Person, die nicht zu Deiner Familie gehört, Deine Daten elektronisch verarbeitet und/oder sie anderen zugänglich macht.

Deshalb soll Die dieses Buch es möglichst leicht machen, die folgenden Fragen zu beantworten:

- Welches sind meine Rechte bzgl. des Schutzes meiner persönlichen Daten in der EU?
- Welche sind meine Rechte und Pflichten als Betreiber eines Blogs oder einer Homepage, entweder bei einem Web Hoster oder in einem sozialen Netzwerk.
- Welche Pflichte haben mir gegenüber Firmen, Behörden und sonstigen Körperschaften, die meine persönlichen Daten verarbeiten?

1.1 Wie „funktioniert" dieses Buch?

Im ersten Teil (Teil 1) vermittelt Dir das Buch einen Überblick und ein generelles Verständnis der DSGVO und liefert im zweiten Teil (Teil 2) eine Referenz, die wie die einzelnen Kapitel und Artikel der DSGVO strukturiert sind:

Teil 1 enthält eine Erläuterung der Grundsätze und des „Geistes" der DSGVO und stellt sozusagen den inhaltlichen/fachliche Teil dar. Er dient dem allgemeinen Verständnis, das dem Leser ein „Gefühl" für die DSGVO geben soll.

Teil2 stellt eine Referenz zum DSGVO dar, unter Beibehaltung der Originalstruktur der Verordnung (Kapitel, Abschnitte, Artikel). Allerdings sind die Texte allgemeinverständlicher formuliert als der originale Verordnungstext. Der zweite Abschnitt versetzt den Leser in die Lage, nahe an der DSGVO zu argumentieren, solange es nicht um juristische und administrative Spitzfindigkeiten geht, die eine eingehende Exegese des Originaltextes der DSGVO erfordern.

Teil 1 Einführung und Überblick

Vorab möchte ich zwei Begriffe einführen, die zwar in der DSGVO (siehe Artikel 4 der DSGVO) definiert und erklärt werden, die ich allerdings bereits von Anfang an in diesem Buch im Sinne der DSGVO verwende.

Verantwortlicher:

> Jede Organisation oder natürliche Person, die Deine persönlichen Daten verarbeitet. Also praktisch alle Firmen, Organisationen und Einzelpersonen mit Internetauftritt, die über das Internet Dienstleistungen und Produkte anbieten.

Auftragsverarbeiter:

> Eine Organisation, die im Auftrag eines Verantwortlichen Deine persönlichen Daten verarbeitet.

Einführung

Die derzeitige Diskussion um und über die DSGVO thematisiert zwar Deine Rechte und Freiheiten als EU Bürger, aber es wird zu wenig darüber gesprochen, dass sich alle EU-Bürger und selbständige aktiv mit der DSGVO befassen sollten, um

- Als EU-Bürger ihre Datensouveränität aktiv verteidigen zu können

- Als Betreiber „kleiner" Websites (Blogs, Web Shops o.ä.) Die Fallstricke zu kennen, die von „Abmahnanwälten" ausgenutzt werden.

- „DSGVO-Mythen" von der tatsächlichen Rechtslage und Rechtsprechungspraxis unterscheiden zu können

Vorab sei aber gesagt, dass die DSGVO noch eine andere Seite hat. Denn obwohl im Text der DSGVO betont wird, das auf kleine und mittlere Unternehmen besondere Rücksicht genommen wird, ist dies nicht der Fall, wie die folgenden Kapitel noch zeigen werden.

1.2 Motivation für eine EU-weit gültige DSGVO

Das Hauptmotiv für die Schaffung eines einheitlichen Rechtsrahmens liegt, wie bereits erwähnt, im Schutz Deiner Rechte und Freiheiten in Bezug auf die Verwendung und Verarbeitung Deiner persönlichen Daten durch Firmen, Behörden und Einzelpersonen.

Es soll vermieden werden, dass sich Deine persönlichen Daten über die Zeit bei allen möglichen Verarbeitern ansammeln und Du am Ende die Kontrolle über deren Weitergabe und Offenlegung verlierst.

Ausgenommen von den Regeln der DSGVO bist Du selbst, wenn Du die persönlichen Daten aus Deinem familiären und persönlichen Umfeld zu rein persönlichen und familiären Zwecken verarbeitest. Diese können eine Familie-Web-Seite betreffen oder aber den elektronischen Schriftverkehr sowie private Anschriftendateien.

Auch bei der rein privaten Nutzung sozialer Netze wie Facebook unterliegt Deine Tätigkeit nicht der DSGVO, diejenige von Facebook aber schon.

Bei der beruflichen oder gewerblichen Nutzung eines sozialen Netzwerkes kann das aber schon anders aussehen. Hier könntest es sein, dass Du Dich als Nutzer dieser Netzwerke durchaus mit der DSGVO auseinandersetzen musst.

> *Dies könnte z.B. der Fall sein, wenn Du auf beruflichen Netzwerken wie LinkedIn oder Xing oder auch auf Facebook eine Firmen-Homepage betreibst. Stellt Dir das Netzwerk z.B. Funktionalitäten zur Verfügung, die Dir Aufschluss über das Nutzerverhalten der Besucher Deiner Firmen-Homepage auf der sozialen Plattform geben, könntest Du diese personenbezogenen Daten weiterverarbeiten und wärst somit als Verantwortliche einzustufen. Als solcher wäre das soziale Netzwerk Dein Auftragsverarbeiter, mit dem Du einen entsprechenden Vertrag schließen müsstest.*

Insofern ist es nicht immer der sicherste Weg, eine gehostete Web-

Präsenz in ein soziales Netz zu verlegen, um nicht unter die DSGVO zu fallen.

1.2.1 Abhängigkeit vom Internet

Eine weitere Motivation für die DSGVO, die in Zukunft noch zunehmen wird, ist die Tatsache, dass die Menschen EU- und weltweit immer abhängiger von der grenzüberschreitenden digitalen Informationsverarbeitung werden - dem Internet in der Form des WWW oder Web, aber auch dem Internet of Things (IoT).

Der zunehmende Onlinehandel sorgt nicht nur bei den kleinen Inhabergeführten Geschäften in (Innen-)Stadtlage mit kleinen Stell- und Lagerflächen sowie hohen Mieten für Ausdünnung. Für einige Branchen und Industrien wird mittlerweile der Betrieb großer Filialketten und sogar von großen Märkten auf der „grünen Wiese" zunehmend weniger wirtschaftlich. Dies wird dazu führen, dass die Menschen ihren Bedarf noch stärker über den Online-Handel decken werden. Ohne eine EU-weite Rechtsgrundlage, wie sie die DSGVO bietet, hätten EU Bürger keine andere Wahl, als ihre Daten abschöpfen zu lassen.

1.2.2 Digitale Leibeigenschaft

Die Praxis großer Internetkonzerne, Dein Verhalten im Internet zu verfolgen und Profile zu erstellen, indem Deine Daten aus völlig verschiedenen Quellen kombiniert werden, führen zur Erstellung eines Profils. Dem Missbrauch dieses Profils sind ohne DSGVO oder eine vergleichbare gesetzgeberische Regulierung keine Grenzen gesetzt.

1.3 Digitalisierung vorhandener Berufsbilder

Weiterhin tut sich bzgl. der Digitalisierung eine weitere Front auf: Die Digitalisierung etablierter Berufsbilder wie Ärzte, Juristen, Architekten, Journalisten, Priester etc.

Diese Berufe werden zunehmend Online oder mit Online-Unterstützung ausgeübt oder ganz durch Software ersetzt. Bei der Inanspruchnahme von Dienstleistungen dieser Berufe geht es dann auch um sog. sensible Informationen wie Gesundheitsdaten, religiöse oder sexuelle Orientierung, Vorstrafen etc. Ohne einen Rechtsrahmen wie die DSGVO wäre eine Digitalisierung unter Wahrung Deiner Rechte und Freiheiten gar nicht möglich.

1.4 Dienstleistungen

Langfristig sollte der EU daran gelegen sein, dass die DSGVO zu einem Erfolgsmodell mit weltweiten Nachahmern wird. Ansonsten sind Szenarien wie dieses nicht denkbar:

> *Du reist per Flugzeug von Frankfurt nach Sydney über Los Angeles, wo Du umsteigst. Auf Grund einer Verspätung des Anschlussfluges verlängert sich Dein Aufenthalt in L.A. Eine eigens hierfür installierte App auf einem Mobilgerät berechnet deinen verlängerten Aufenthalt und schlägt ggf. selbständig ein oder mehrere passende Hotelzimmer vor. Nachdem Du ein Hotelzimmer ausgesucht hast, werden entsprechend Deiner gespeicherten Vorlieben Restaurantplatz nebst Menü und Mietwagen oder Fahrdienst gebucht.*

Bei all den genannten vorzügen der DSGVO gegenüber der bisherigen fragmentierten Rechtslage in der EU könnte man meinen, dass die Umwälzungen und Aufwände hinsichtlich des endgültigen Inkrafttretens der DSGVO zum 25. Mai 2018 eine akzeptable Begleiterscheinung darstellen sollten.

Zumal immer wieder in der Presse und anderswo zu lesen ist, dass sich in Deutschland die Rechtslage nicht grundsätzlich ändert, da die DSGVO sich in weiten Teilen am alten Bundesdatenschutzgesetz (BDSG) orientiert. Diese Sichtweise greift allerdings zu kurz, wie in Kapitel 3.2 näher ausgeführt wird.

Die sozialen Netzwerke werden in vielen, nicht allen Bereichen, die etablierten Versammlung, Vereins- und vielleicht sogar Verbandsstrukturen ablösen.

2. Grundlegendes zur DSGVO

Die Datenschutz-Grundverordnung (DSGVO) markiert eine Zeitenwende in der Geschichte des Schutzes personenbezogener Daten in der Europäischen Union (EU).

In Kraft getreten ist die DSGVO bereits im Mai 2016 – mit einer zweijährigen Übergangsfrist, die viele große Firmen – und Behörden - fast tatenlos haben verstreichen lassen, bevor im Herbst 2017 hektische Betriebsamkeit ausgebrochen ist. So zumindest die Erfahrung des Autors als freiberuflicher Berater.

Der Vorgänger der DSGVO war bzw. ist die Richtlinie 95/46/EG. Diese Richtlinie ohne direkte gesetzgeberische Wirkung sollte von den EU-Staaten in nationale Gesetze umgesetzt werden

Als Verordnung nach EU-Recht hat die DSGVO direkt Gesetzeskraft in allen Staaten der EU und definiert somit eine Ausgangsbasis, die jeder EU-Staat an vorgegebenen Stellen weiter ausgestalten darf (Siehe auch 3.3). Dies kann durchaus noch zu deutlichen Unterschieden in der Gesetzeslage zwischen EU-Staaten und damit zur Verwässerung der DSGVO und Verwirrung führen. Insgesamt stellt die DSGVO aus Verbrauchersicht aber immer noch eine deutliche Verbesserung gegenüber der Vergangenheit dar.

In einer Zeit des internationalen Austauschs von Waren und Dienstleistungen nebst den zugehörigen personenbezogenen Daten gibt es keine Alternative als eine möglichst homogene Gesetzeslage in einem Wirtschaftsraum, der EU. Und es bleibt zu hoffen, dass zukünftige Versionen der DSGVO ein Exportschlager werden, der von Staatenaußerhalb der EU kopiert wird.

2.1 Schutz der Menschen, nicht der Daten

Prinzipiell ist in der Bundesrepublik Deutschland der Datenschutz zunächst Ländersache, bevor 1977 das erste Bundesweitgültige Datenschutzgesetz (BDSG) eingeführt wurde. Die Bundesländer wiederum hatten ihre eigenen unterschiedlichen Ansätze. So interpretierte Hessen in seinem Hessischen Datenschutzgesetz als erstes Bundesland 1970 den Begriff „Datenschutz", wie auch später das BDSG, vornehmlich als Schutz der personenbezogenen Daten selbst, nicht unbedingt der Schutz des Individuums zu dem die Daten gehörten. Somit konnte es passieren, dass dem „Untertan" selbst mit Verweis auf das BDSG der Zugriff auf seine eigenen Daten verwehrt wurde, um Schutz und Integrität der personenbezogenen Daten auch vor ihrem „Inhaber" zu schützen.

> *Dieser Umstand wurde 1983 in dem deutschen Spielfilm „Datenpanne – das kann uns nie passieren", aufgegriffen. Dieser Film konstruiert ironisch überspitzt eine Situation, in der eine Person während eines Auslandsaufenthaltes in seiner Heimat irrtümlich für tot erklärt wird. In der Folge, d.h. nach der Rückkehr des für tot erklärten in seine Heimat werden nicht etwa die persönlichen Daten der Person korrigiert, sondern die Person lebendig begraben, um die Integrität der Daten zu erhalten.*

Es gab -und gibt- übrigens mit der EU-Richtlinie 95/46/EG bereits eine Maßgabe an die EU-Staaten, Datenschutz in ihren Hoheitsgebieten einzuführen. Allerdings ist dies eben nur eine Richtline ohne Gesetzeskraft, im Gegensatz zu einer Verordnung wie der DSGVO mit direkter gesetzgeberischer Wirkung. Die EU-Richtlinie 95/46/EG hat in der Vergangenheit zu großen Unterschieden in der nationalen Gesetzgebung und Rechtsprechung zum Thema Datenschutz geführt. Mit Ende der Übergansphase am 25. Mai 2018 wird sie endgültig von der DSGVO abgelöst.

2.2 Persönliche Daten sind überall

Prinzipiell sind neben den Firmen auch sämtliche Einzelunternehmer und Freiberufler von der DSGVO betroffen, die durch ihre Tätigkeiten mit den Daten natürliche Personen innerhalb der EU in Kontakt kommen und in der Folge verarbeiten – das fängt bereits mit den eigenen Angestellten an, sofern vorhanden.

In solchen Fällen sind alle Daten, die Dir als natürliche Person zugeordnet werden können, als personenbezogene Daten anzusehen", wie z.B. Namen Adressen und Geburtsdatum, aber auch sog. „sensible Daten" wie Religionszugehörigkeit, sexuelle Ausrichtung sowie IP-Adressen und Cookies etc.

Darüber hinaus sind auch diejenigen Daten, die nicht ohne Weiteres, sondern nur unter Hinzuziehung weiterer Informationen mit Deiner Person in Beziehung gesetzt werden können (Kunden-Nr., IP-Adressen, Cookie-Dateien, Kontodaten) deinen personenbezogenen Daten zuzurechnen. Sobald die gesetzliche Frist für die Aufbewahrung der Daten verstrichen ist, müssen diese gelöscht werden.

2.3 „Datensouveränität"

Das DSGVO hingegen setzt den EU-Bürger als „Souverän" seiner Daten ein, obwohl nirgendwo in der DSGVO das Wort „Datensouveränität" in dieser Bedeutung genutzt wird.

Diese Datensouveränität über die eigenen personenbezogenen Daten kann allerdings im Hinblick auf nationales Recht z.B. in Fragen der nationalen Sicherheit, eingeschränkt werden.

> Es geht, so meine ich, nicht um „Dateneigentum" (ein Begriffe, der immer mal wieder fällt). Der Eigentumsbegriff ist im Grundgesetz verankert und vorbelegt, sodass er sich nicht so ohne Weiteres auf persönliche Daten anwenden lässt.

2.4 Welche Firmen unterliegen der DSGVO?

Zunächst einmal alle Firmen, Einzelpersonen und Behörden (im folgende „Verantwortliche" genannt, die:

- Waren oder Dienstleistungen in der EU anbieten und hierzu personenbezogene Daten von EU-Bürgern verarbeiten, um deren Verhalten zu beobachten (Tracking, Profiling, siehe

Artikel 3 der DSGVO).

- Einen Hauptsitz oder Nebensitz in der EU betreiben. Dies kann auch ein Vertreter/Vertretungsbüro sein (siehe wiederum Artikel 3) sein.

- Darüber hinaus fallen auch all jene Anbieter von Dienstleistungen und Produkten unter die DSGVO, deren Web-Shop von der EU aus erreichbar ist und deren Angebote auf den EU-Markt ausgerichtet sind.

Fraglich ist auch, wie Unternehmen, die außerhalb der EU agieren, sanktioniert werden sollen, wenn sie gegen die DSGVO verstoßen. Die DSGFO führt nur Bußgelder an – diese sind aber nur wirkungsvoll bei Firmen mit Sitz oder Vertretung in der EU. Für Sanktionen gegen Unternehmen ohne Sitz/Vertretung in der EU bietet Artikel 84 die eine Öffnungsklausel: Die Mitgliedsstaaten können eigene Sanktionen definieren, z.B. die Blockierung der Internetpräsenzen von Verantwortlichen außerhalb der EU, die gegen die DSGVO verstoßen. Maßnahmen wie das Blockieren von Webseiten auf dem Hoheitsgebiet der Mitgliedsstaaten fallen unter die nationale Gerichtsbarkeit, sodass die DSGVO derartige Vorschriften gar nicht beinhalten darf.

Beispiel: Generell fällt ein Anbieter wie z.B. Alibaba, der seine Dienste über das Internet vertreibt und auf den asiatischen Markt zielt und keinerlei Vertretungen in der EU unterhält, nicht unter die DSGVO fällt, solange seine Webseite nur von der EU aus erreichbar ist (Erwägungsgrund 23[1]). Zwar könnte man argumentieren, dass eine in englischer Sprache gestaltetet Seite auf die gesamte Welt und damit auch auf die EU zielt. Dann müsstest die EU Alibaba auffordern, die personenbezogenen Daten von EU-Bürgern EU-Konform zu verarbeiten. Da unzweifelhaft eine große Anzahl EU-Bürger waren

---

[1] Erwägungsgründe sind dokumentierte „Erwägungen" die der Gestaltung der DSGVO zugrunde liegen, z.B. http://www.privacy-regulation.eu/de/r23.htm. Diese sind nicht immer auch dem Gesetz zu entnehmen.

von Alibaba bezieht könnte dies gerechtfertigt sein, wäre aber nur durchzusetzen, wenn die EU in der Lage wäre, Zugriffe auf die Webseiten von Alibaba von EU-Territorium aus zu unterbinden. Derartige Maßnahmen fallen allerdings, wie bereits erwähnt, unter die nationale Gerichtsbarkeit der einzelnen EU-Staaten. In so einem Fall könnte Alibaba sog. „Garantien" bieten. Diese können firmeninterne Regelungen (Compliance-Regeln) sein, die alle Mitarbeiter von Alibaba zur DSGVO-konformen Verhalten bei der Verarbeitung verpflichten. Zusätzlich könnte Alibaba seine Prozesse von einer Zertifizierungsstelle (siehe Artikel 41 und 42) begutachten und sich die DSGVO-Konformität bescheinigen lassen.

Weitere Beispiele:

1. *Bei einem australischen Anbieter, der über seine weltweit erreichbare Web-Seite Waren in EUR und/oder in deutscher Sprache anbietet, dürften diese Indizien dafürsprechen, dass der Australische Anbieter unter die DSGVO fällt.*

2. *Ein schwieriger Fall sind Staaten, die nicht zur EU gehören, jedoch den Euro als Staatswährung eingeführt haben. In so einem Fall müsste wahrscheinlich festgestellt werden, ob die angebotenen Dienstleistungen oder Waren auf einen Markt im Inland oder auf das umgebende EU-Ausland ausgerichtet sind.*

Ein weiteres Kriterium dafür, dem Geltungsbereich der DSGVO unterworfen zu sein ist, dass die gesammelte Nutzerdaten eines Verantwortlichen oder Auftragsverarbeiters dazu genutzt werden können, Dein Verhalten, soweit es in der EU erfolgt, zu beobachten und nachzuverfolgen (Tracking/Profiling). Dabei gilt die DSGVO nur für die Fälle, in denen Deine Daten mit Deiner Person in Verbindung gebracht werden können. Dies gilt auch für pseudonymisierte Daten, die nur dann auf Deine Person schließen lassen, wenn sie mit weiteren Daten verknüpft werden, die zusammen mit den pseudonymisierten Daten auf Deine Person schließen lassen.

<u>Beispiel:</u> *Im Falle von Pseudonymisierung wird z.B. Dein Name durch*

eine ID ersetzt – allerdings in allen vorliegenden Datensätzen zu Deiner Person, sodass die Gesamtheit der Datensätze immer noch Dein Profil darstellt. Ggf. benötigt man nur die Zuordnung der ID zu Deinem Namen, um Deine Namen wieder zu reaktivieren.

Neben pseudonymisierten personenbezogene Daten eignen sich auch weitere Informationen wie IP-Adressen und Cookie-Kennungen zur Nachverfolgung Deiner Aktivitäten im Internet – bei diesen Daten sind zur Zuordnung zu Deiner Person allerdings weitere Informationen notwendig, die normalerweise nicht beim Verantwortlichen liegen, dafür aber z.B. beim Netzbetreiber.

Im Falle der Pseudonymisierung muss der Verantwortliche die Informationen, mit denen eine Verbindung zwischen den Daten und Deiner Person hergestellt werden kann, an einem gesonderten Ort aufbewahren (lassen), damit die Daten als pseudonymisiert gelten können.

- ➔ Man könnte jetzt einwenden, dass in der Zeit von Big Data der Übergang von Pseudonymisierung zur Anonymisierung fließend, weil abhängig vom „**Stand der Technik**" ist.

- ➔ Mit „Stand der Technik" sind in der DSGVO solche technischen Maßnahmen gemeint, die sich in der Vergangenheit bewährt haben und derzeit ihre Wirkung noch nicht durch die Weiterentwicklung der Technik verloren haben. Mit anderen Worten: Es geht hier nicht um die allerneusten Buzzwords oder Hypes, um der DSGVO gerecht zu werden.

2.5 Umsetzung der DSGVO

Ein wesentliches Instrument zur Umsetzung der DSGVO sind die Aufsichtsbehörden, von denen es in jedem EU-Staat mindestens eine geben soll. Nun sucht man z.B. in Deutschland aber vergeblich nach so etwas wie einer Datenschutzbehörde. Stattdessen gibt es „nur" Datenschutzbeauftragte. Und zwar solche der Länder und einen des Bundes.

Obwohl hinter dem Begriff „Datenschutzbeauftragter" tatsächlich zunächst nur eine Person steht, kann man davon ausgehen, dass diese Person über eine Anzahl von Mitarbeitern verfügt und somit wie eine Behörde handelt. Der Begriff scheint historisch begründet zu sein – Anfang der 1970er maß die Politik dem Thema Datenschutz offensichtlich nicht die Bedeutung bei, der den Aufbau einer Behörde gefordert hätte. Man sah den Datenschutz vielmehr als eine Querschnittstätigkeit über alle Register und Behörden, in denen Deine Daten verarbeitet werden.

→ Die in der DSGVO genannten Aufsichtsbehörden entsprechen somit den Datenschutzbeauftragten der Länder und des Bundes.

→ Bei den Datenschutzbeauftragten, die von Behörden und Firmen ab einer bestimmten Größe benannt werden müssen, handelt es sich um tatsächlich benannte Personen, die direkt an die Geschäftsführung berichten.

→ Wenn Du Dich mit einer Organisation (Firma, oder Behörde) bzgl. Der Sicherheit der Verarbeitung Deiner persönlichen Daten in Verbindung setzen möchtest, wendest Du Dich an den jeweiligen Datenschutzbeauftragten dessen Kontaktdaten der auf der Website der Organisation leicht auffindbar sein müssen. Wenn es keinen Datenschutzbeauftragten gibt, solltest Du Dich direkt an die Geschäftsführung bzw. den Inhaber wenden.

→ Kommst Du bei der Organisation selbst nicht weiter, kannst Du Dich (in Deutschland) an den Datenschutzbeauftragten Deines Bundeslandes wenden.

→ Mit dem Datenschutzbeauftragten des Bundes kommst weder Du noch eine private Organisation direkt in Kontakt. Der Datenschutzbeauftragte des Bundes kümmert sich, vereinfacht gesagt, um die Belange und Pflichten von Behörden.

Die DSGVO führt somit „nebenbei" eine neue „Polizeibehörde" ein – in Form einer EU-weiten Struktur aus Aufsichtsbehörden.

Ob eine Aufsichtsbehörde in einem EU-Mitgliedsstaat effektiv arbeiten kann, ist Abhängig vom Maß an Korruption in dem jeweiligen Land und einschränkenden nationalen Gesetzen auf der Basis der Öffnungsklauseln der DSGVO.

Auch sind die Aufsichtsbehörden prinzipiell in der Lage, grenzüberschreitend tätig zu werden, um die DSGVO EU-weit durchsetzen zu können

2.6 Öffnungsklauseln

Die DSGVO bietet an ungefähr 69 Stellen die Möglichkeit, Spielräume der DSGVO durch Gesetze auszunutzen oder auch möglichst klein zu halten. Dies Gesetze sind in den meisten Fällen Ländersache.

Ich habe mir einmal den Spaß gemacht, den Grad der Verunsicherung durch die DSGVO quantitativ zu berechnen zu wollen:

> ➔ Der „Verunsicherungsfaktor" der DSGVO ist das Produkt aus der Anzahl der Öffnungsklauseln (69) und der Anzahl der Datenschutzbeauftragten der Länder (16): 1.104.
>
> Die Anzahl der Gerichte und damit sich widersprechenden Gerichtsurteilen, zu denen es in Folge der föderalen Struktur Deutschlands kommen kann, habe ich vernachlässigt.

Prinzipiell bedeutet das, dass der Stellenwert die Kunstfreiheit gegenüber der Sicherheit bei der Verarbeitung Deiner Daten, auf Länderebene gesetzlich geregelt wird.

2.6.1 Allgemeine Verunsicherung - DSGVO in Deutschland

Trotzdem gibt es in Deutschland ein Instrument, um die Gesetzgebung bzgl. des Datenschutzes im Allgemeinen und der Öffnungsklauseln der DSGVO im Speziellen einheitlich zu gestalten: Die Konferenz der Datenschutzbeauftragten der Länder („Datenschutzkonferenz"). Diese eignet sich auf Richtlinien und gemeinsame Positionen, die danach alle Datenschutzbeauftragte der Länder vertreten.

Es bleibt zu hoffen, dass sich die bereits erwähnte Datenschutzkommission in viele Fällen zu einer gemeinsamen Position durchringt, um zu gleichen Gesetzen in den Bundesländern zu kommen.

Allerdings ist auch die einheitliche Position aller in der Datenschutzkonferenz versammelten Datenschutzbeauftragten auch kein Garant für Rechtssicherheit – ganz im Gegenteil, wie das folgende Beispiel zeigt:

Am 26. Mai hat die Datenschutzkonferenz ein gemeinsames Positionspapier herausgegeben. Dieses geht auf die Frage ein, wie der Nutzer in transparenter Weise dem Tracking[2] seines Verhaltens, z.B. durch Cookies[3], zustimmen soll:

→ Der Nutzer muss beim Besuch einer Website dem Setzen jedes einzelnen Cookies explizit zustimmen, wenn diese das Tracking zum Ziel hat – und zwar wiederholt und bei jedem Besuch. Mit anderen Worten: Du öffnest die Website Deines bevorzugten werbefinanzierten News-Portals und musst zunächst die 10 Cookies akzeptieren („wegklicken") – entweder Nacheinander oder als Liste, in der Du einzelne Cookies akzeptieren oder ablehnen kannst. Von Deiner Auswahl dürfte dann abhängen, auf welche der werbefinanzierten Inhalte Du Zugriff hast.

→ Es erscheint klar dass niemand einen derartigen Irrsinn implementieren wird.

Der Originaltext des Positionspapiers liest sich so:

"Es bedarf jedenfalls einer vorherigen Einwilligung beim Einsatz von Tracking-Mechanismen, die das Verhalten von betroffenen

---

[2] Nachvollziehen Deines Verhalten im Internet zwecks Erstellung eines Profils, zumeist um Dir passende Werbung anzeigen zu können.

[3] Textdateien, die eine Website auf Deinem PC speichert, um darin Informationen zu Dir und Deinem Besuch auf der Website festzuhalten.

Personen im Internet nachvollziehbar machen um Nutzerprofile zu erstellen. Das bedeutet, dass eine informierte Einwilligung i. S. d. DSGVO, in Form einer Erklärung oder sonstigen eindeutig zu bestätigenden Handlung vor der Datenverarbeitung eingeholt werden muss, d. h. z.B. bevor Cookies platziert werden bzw. auf dem Endgerät des Nutzers gespeicherte Informationen gesammelt werden."

Derartiger Verlautbarungen, auf die sich Gerichte bei ihren zukünftigen Entscheidungen durchaus berufen können – und werden, sind der Grund, weshalb immer wieder nicht zu Unrecht behauptet wird, dass in den „Abmahnkanzleien" die „Champagnerkorken knallen".

Von derartigen Regelungen sind prinzipiell nicht nur Websites mit Werbung betroffen, sondern jeder Blogger, der seinen Blog mit Hilfe einer Blog-Software- oder Plattform betreibt, die Cookies setzt. In so einem Fall kann man nur hoffen, dass die Gerichte in der Lage sind, zwischen zumutbaren und nicht zumutbaren Maßnahmen zu unterscheiden. Auch müsste in Abmahnangelegenheiten zwischen tatsächlichem Tracking zu Werbezwecken und berechtigten Interessen der Nutzer auf einfache Bedienung (Speicherung Deiner Einstellungen für den nächsten Besuch der Website) unterschieden werden.

2.6.2 Einzelne Öffnungsklauseln

Diese Unterkapitel führt ein paar Öffnungsklauseln der DSGVO und die jeweiligen Artikel der DSGVO an, mit denen Du im täglichen Leben konfrontiert sein wirst. Einige sind im Folgenden aufgeführt, mit den Artikeln der DSGVO, auf die sich die Öffnungsklauseln beziehen.

Diese mögen einen Eindruck vom Potential für kommende Streitigkeiten um Gesetze und Gerichtsurteile geben.

i) Allgemeine Beschränkungen

Artikel 23: Hier erlaubt die DSGVO die Beschränkung Deiner Betroffenenrechte aus den folgenden Gründen (Beispiele):

- Generelle zur Erreichung von Zielen die nicht vom EU-Recht geregelt werden (z.B. nationale Sicherheit)

- Wenn der Staat meint, er müsste Deine Rechte einschränken um wiederum Deine eigenen Rechte und Freiheiten oder die von anderen Personen zu schützen.

- Wenn es um die Durchsetzung zivilrechtlicher Ansprüche vor Gericht geht

- Wenn es um die Verhütung, Ermittlung, Aufdeckung oder Verfolgung von Straftaten geht – auch wenn die Verfolgung durch private Dienste geschieht!)

Artikel 11

- Die Befreiung von der Informationspflicht im Falle von Berufsgeheimnissen.

Artikel 17

- Besondere Löschungs- und Aufbewahrungspflichten (Steuergesetze)

- Ausnahmen von Löschungs- und Aufbewahrungspflichten (Steuergesetze)

Artikel 22

- Der Grad der Zulässigkeit von automatisierten Entscheidungen und Profiling, wenn z.B. Deine Kreditwürdigkeit automatisch ermittelt wird.

ii) Spielräume bei der Einwilligung zur Datenverarbeitung

Artikel 8:

- Die Altersgrenze, ab der die ausdrückliche Einwilligung von Kindern zu deren Datenverarbeitung zulässig ist, kann vom in der DSGVO definierten „Standardalter" von 16 Jahren auf bis 23 Jahre heruntergesetzt werden.

Artikel 9:

— Begrenzung der Fälle, in denen Du der Verarbeitung Deiner Daten einwilligen kannst.

iii) Spielräume bei Archivzwecken, Forschungszwecken oder statistischen Zwecken

Artikel 9: Begrenzung der Archivzwecke, Forschungszwecke und statistische Zwecke als Rechtsgrundlage für die Verarbeitung sensibler Daten.

Artikel 89:

— Ausnahmen Deiner Betroffenenrechte bei Verarbeitung zu wissenschaftlichen, historischen Forschungszwecken oder statistischen Zwecken

iv) Spielräume bei der Vertretung von Betroffenen durch NGOs

Artikel 80

— Die Möglichkeit, dass Du Dich bei der Verfolgung von Schadenersatzansprüchen vertreten lassen kannst.

v) Spielräume bei Geldbußen und Sanktionen

Artikel 83

— Geldbußen gegen Behörden und öffentliche Stellen. Österreich hat z.B. Behörden bereits von der Pflicht zu Bußgeldzahlungen ausgenommen

vi) Spielräume bei der Auflösung von Grundrechtskonflikten

Artikel 85:

— Ausnahmen für Verarbeitung zu journalistischen, wissenschaftlichen, künstlerischen oder literarischen Zwecken — wo endet Dein Grundrecht der freien Meinungsäußerung?

2.7 Ausblick auf die weitere Entwicklung

Neben den direkten und gewollten Auswirkungen der DSGVO, kann dieses Gesetz noch weitere ungewollte Folgen haben.

2.7.1 Schwächung des Mittelandes

Die Ironie bei der DSGVO ist, dass sie die Nutzer den großen Konzernen in die Hände treiben wird, wenn die derzeitige Phase der „allgemeinen Verunsicherung" zu lange andauert. Es werden dann nämlich z.B. viele Blogger und Shop-Betreiber ihre eigenen Internetpräsenzen aufgeben und über Blogger.com, WordPress.com, Amazon, eBay, Facebook oder sonstige Plattformen weiter aktiv sein.

Das schwächt den Mittelstand gerade in der EU und in Deutschland in Form mittelständischer Hoster und schwächt die Vielfalt, wenn alle in der Einheitsaufmachung der marktdominierenden Plattformen daherkommen. Gleichzeitig stärkt die DSGVO so die großen Konzerne, die ja eigentlich kontrolliert und bezüglich der unbefugten Monetarisierung von personenbezogenen Daten in die Schranken verwiesen werden sollen.

Dieser unerwünschte und gegenteilige Effekt könnte dadurch abgemildert werden, wenn der Gesetzgeber durch entsprechende Gesetze Rechtssicherheit schafft.

2.7.2 Die ePrivacy-Verordnung

Neben der DSGVO steht bereits die nächste EU-weite Gesetzesinitiative am Start: Die ePrivacy-Verordnung. Wie im Fall der DSGVO soll es sich auch bei der ePrivacy-Verordnung um eine EU-Verordnung mit direkter gesetzgeberischer Kraft handeln.

Es ist allerdings fraglich, ob die ePrivacy-Verordnung so Wirklichkeit werden wird, wie sie gerade diskutiert wird.

Der Realisierung der ePrivacy-Verordnung steht die Arbeit starker Lobby-Verbände aus dem Presse-, Handel- und Medien-Bereich entgegen. Mit teilweise nachvollziehbaren Argumenten, z.B. in Bezug auf werbefinanzierte Inhalte und Dienstleistungen.

Ein anderer genereller Einwand gegen die ePrivacy-Verordnung stellt das Privacy-Paradox dar, das prinzipiell auch für die DSGVO gilt:

> Das Privacy-Paradox beschreibt das Phänomen, dass viele Menschen in Umfragen und persönlichen Gesprächen den Schutz der Privatsphäre als sehr wichtig einstufen, aber nur zu selten dazu bereit sind, tatsächlich etwas dafür zu tun bzw. entsprechende Kosten dafür in Kauf zu nehmen, z.B. indem die Mitgliedschaft sozialer Netze kostenpflichtig wäre.
>
> → Allerdings wäre die kostenpflichtige Mitgliedschaft und die damit entsprechende nicht-Nutzung der personenbezogenen Daten gar nicht im Interesse der Betreiber der Plattformen.
>
> Begründung am Beispiel Alphabet: Die Stauerkennung des Google-Navigationsdienst Google Maps funktioniert nur bzw. umso zuverlässiger, je mehr Android-Nutzer ihre Orts- und Bewegungsdaten durch Alphabet auswerten lassen.

Wie dem auch sei, durch das Privacy-Paradox kann die öffentliche Meinung kippen und eine Durchsetzung der zukünftigen ePrivacy-Verordnung unmöglich machen.

2.7.3 Weitere Auswirkung der DSGVO

Einige Gedanken zu weiteren Auswirkungen der DSGVO werden in diesem Kapitel kurz angerissen.

- Die DSGVO kann für einen Zuspruch bei dezentralen Kommunikationssystemen sorgen, wie z.B. Peer-to-Peer-Netzen, auf denen viele der illegalen Musik- und Video-Tauschbörsen und Krypto-Währungen basieren. In P2P-Netzen sind Nutzer auch gleichzeitig Verantwortliche.

- Neue Technologien aus dem Bereich der künstlichen Intelligenz, vor allen in Zusammenhang mit Big Data-Verarbeitungsverfahren werden außerhalb der EU entwickelt und dort zunächst in voller Funktionalität zur Anwendung gebracht.

2.8 Erste „Zersetzungserscheinungen"

Österreich hat bereits seine Gesetzgebung angepasst an die DSGVO angepasst, und seinen Strafrahmen so gestaltet, dass nicht nur auf kleine und mittlere Unternehmen „besondere Rücksicht" genommen wird, wie es dem Geist der DSGVO entspräche, sondern auch auf große Unternehmen.

Bei erstmaligen Verstößen gegen die DSGVO, z.B., wird die Datenschutzbehörde in Österreich lediglich Verwarnungen aussprechen, selbst bei großen Firmen, die ihre Datenverarbeitungsprozesse im Griff haben sollten. Damit konterkariert Österreich den Sinn der DSGVO, denn die „Kette" (der Datenschutz in der EU) ist nur so stark wie ihr schwächstes Glied (derzeit der Datenschutz in Österreich). Es scheint möglich, dass Österreich darauf spekuliert, dass es zum „Datenparadies" für die Sitze der großen Internetkonzerne werden möchte.

So wird auch das Auskunftsrecht bzgl. Deiner bei einem Verantwortlichen im Alpenstaat gespeicherten Daten ausgehöhlt. Ein Verantwortlicher in Österreich kann Dir z.B. die Herausgabe einer Kopie Deiner Daten verweigern, wenn dieser vorgibt, dass die den Schutz seiner Geschäfts- oder Betriebsgeheimnisse gefährden würde.

Selbst die Konkretisierung der Ausnahmen in Bezug auf die „Freiheit der Meinungsäußerung und Informationsfreiheit" ist ein „vergiftetes Geschenk". Es wird zwar klargestellt, dass die Verarbeitung personenbezogener Daten zu journalistischen Zwecken von vielen Regulierungen der DSGVO ausgenommen sein sollen – allerdings wird auf „Medienunternehmen" und „Mediendienste" Bezug genommen, nicht aber auf freie Journalisten und Blogger. Es kann also sein, dass die Erleichterungen nur für angestellte Journalisten von Medienhäusern gelten; zumindest ließe sich der Artikel 6 der DSGVO so interpretieren.

Zum Thema Strafzahlungen (Geldbußen) hat Österreich z.B. festgelegt, dass Behörden auch bei Fehlverhalten keine Bußgelder zu befürchten haben. Dies mag man an ein Eingeständnis interpretieren, dass die Behörden nicht in der Lage sind, Deine Daten DSGVO-Konform zu verarbeiten.

Und man könnte noch einen Schritt weiter gehen: Die Aufsichtsbehörden sind, zumindest zunächst, könnte ebenso wenig in der Lage sein, ihren Aufsichtspflichten nachzukommen.

3. Der „Geist" der DSGVO

Bereits zu Beginn des Gesetzestextes bezieht sich die DSGVO ausdrücklich auf die „Charta der Grundrechte" der EU, in der festgehalten ist, dass jede Person das Recht auf Schutz der sie betreffenden personenbezogenen Daten hat.

Letztendlich soll also der Schutz Deiner persönlichen Daten Deine Grundrechte und Grundfreiheiten wahren, ungeachtet Deiner Staatsangehörigkeit oder Deines Aufenthaltsorts innerhalb der EU.

Ein weiterer Grundsatz der DSGVO ist, dass die Verarbeitung der persönlichen Daten im „Dienste der Menschheit" stehen soll, also den Menschen – Dir - dienen soll. Es ist eine Selbstverständlichkeit, dass dies nur unter Wahrung Deiner Rechte und Freiheiten in Bezug auf z.B. Privat-/Familienleben, Wohnung, Kommunikation, persönliche Daten, Religionsfreiheit, Meinungs- und Informationsfreiheit geschehen kann.

Eine Verordnung wie die DSGVO ist prinzipiell umso notwendiger, als dass das EU-Recht im Allgemeinen die Verwaltungen der einzelnen Staaten generell zur Zusammenarbeit verpflichtet – das geht nicht ohne den grenzüberschreitenden Austausch persönlicher Daten. Hierzu ist wiederum ein einheitlicher Rechtsrahmen notwendig.

→ Man könnte somit behaupten, dass die DSGVO geradezu eine zwingende Notwendigkeit für den (informations-)technologischen Fortschritt und gleichzeitig eine Folge desselben ist.

Die DSGVO kann nach Meinung des Autors nur in Staaten mit demokratisch legitimierten Regierungen eine positive Wirkung entfalten. Zudem ist es für das Funktionieren der DSGVO notwendig, dass sich das Maß an Korruption in einem erträglichen Rahmen bewegt.

Die Schaffung eines einheitlichen Rechtsrahmens mit dem Ziel, Hemmnisse für den internationalen Austausch von personenbezogenen Daten innerhalb der EU zu beseitigen – und diesen Austausch sogar noch zu fördern, wird allerdings zu einem Teil durch die bereits durch die erwähnte Vielzahl an Öffnungsklauseln konterkariert. Daraus resultierende Unterschiede zwischen den Vorschriften einzelner EU-Staaten können sich durchaus nachteilig auf den Austausch personenbezogener Daten auswirken.

Dies betrifft z.B. die Festlegung des Strafrahmens bei Verstößen gegen die DSGVO, d.h. wie hoch die Strafen ausfallen und ab wann sie verhängt werden, z.B. im Wiederholungsfall. Hierbei können die EU-Staaten in Konkurrenz stehen, so ähnlich wie beim Steuerrecht.

Es kann gut sein, dass sich dem Sprichwort „Kapital ist ein scheues Reh" noch ein Verwandter hinzugesellen wird: „Personenbezogene Daten sind scheue Rehe".

3.1 Die Sache mit der Datenhoheit

In der Diskussion rund um die DSGVO wird oft von der „Wiedererlangung der „Datenhoheit" im digitalen Zeitalter durch den „informierten Bürger" gesprochen.

D.h., Du musst aufgrund der Transparenzkriterien, die die DSGVO den Firmen und Behörden vorgibt, genau darüber informiert werden, wer was und zu welchem Zweck mit Deinen Daten anstellt.

Diese Anforderung bzw. die damit verbunden Rechtsunsicherheit in Bezug auf Unternehmen außerhalb der EU kann dazu führen, dass sich internationale Unternehmen aus dem EU-Markt zurückziehen werden – der Entgelt-lose Dienst „Unroll.me" hat dies bereits getan bzw. hat angekündigt, seinen Betrieb für EU-Kunden vor dem endgültigen Inkrafttreten der DSGVO am 25. Mai einzustellen.

→ *Im Fall von Unroll.me, einem prinzipiell überflüssigen Dienst zur Abbestellung von Newslettern, stellt der Rückzug aus der EU einen Akt des vorauseilenden Gehorsams dar, der eigentlich gar nicht nötig sein sollte, da Unroll.me komplette in Englischer Sprache gehalten ist und nichts auf den EU-Markt zielt. Dies ist ein Beispiel für die Unsicherheit, die die DSGVO in ihrem jetzigen Zustand -nicht nur in der EU- auslöst.*

Es haben weiterhin bereits Blogger auf den Plattformen „Blogger.com" (gehört zu Google) und „Wordpress.com" ihre Blogs geschlossen. Dies geschah aus Unsicherheit, ob die besagten Plattformen von ihren Betreibern gemäß der DSGVO angepasst würden. Diese Kurzschlussreaktionen sind meines Erachtens unbegründet, da beide Unternehmen ihre Dienste in der EU vermarkten, dies auch in Zukunft anstreben – und somit höchstwahrscheinlich ihre Plattformen an die DSGVO-Vorgaben anpassen werden.

Frage: Würden die Blogger für eine etwaige Verletzung der DSGVO zur Verantwortung gezogen werden, wenn keine Anpassung der unterliegenden Plattformen an die DSGVO erfolgen würde? Antwort: Im Prinzip ja, denn prinzipiell besteht ein Verhältnis zwischen Verantwortlichem (Blogger) und Auftragsverarbeiter (Plattformbetreiber); somit stünden die Blogger auf jeden Fall mit in der Verantwortung. Allerdings könnte man auch argumentieren, dass die DSGVO ja speziell die Bedürfnisse kleiner Unternehmen und Freiberufler im Auge hat, was viele Blogger ja wohl sind. Auf jeden Fall werden sich in Zukunft die Gerichte mit derartigen „Kleinigkeiten" beschäftigen müssen. Die Plattform selbst hingegen, die z.B. im Fall von Blogger.com zu Alphabet gehört, wäre dann als Verantwortlicher im Sinne der DSGVO anzusehen.

Aus seinen Intentionen bzgl. der „totalen Verwertung" Deiner Daten hatte Unroll.me nie einen Hehl gemacht, auch wenn nicht gerade Transparenz bzgl. der Verwendung Deiner persönlichen Daten herrschte. Zudem hat Unroll.me keinerlei Niederlassungen oder Vertretungen in der EU. Trotzdem hat sich der Dienst entschieden, Nutzer aus der EU von seinem Dienst auszuschließen.

Ebenso werden sich auch so manche Internet-Blogs verhalten, indem sie EU-Bürger von ihren Nutzern ausschließen werden.

3.2 DSGVO und BDSG

Es wird immer wieder erwähnt, die DSGVO würde sich am deutschen Bundesdatenschutzgesetz (BDSG) orientieren, sodass sich -im Prinzip-

durch die Einführung der DSGVO für Verantwortliche in Deutschland nichts ändern sollte, bis auf die höheren Strafen für Verstöße gegen die DSGVO, die das BDSG so nicht kennt.

Allerdings ist es in der Praxis dann doch nicht so einfach – aufgrund eines geringen Risikos von Strafzahlungen und einer zersplitterten Datenschutz-Gesetzgebung sind EU- und weltweit Praktiken "eingerissen", die, gelinde gesagt, dem „Geist der DSGVO" Hohn sprechen:

Z.B. in der Flugindustrie: Airlines auf verschiedenen Kontinenten haben sich zu Allianzen zusammengeschlossen. Viele Langstrecken-Tickets bestehen aus Abschnitten verschiedener Airlines. Somit müssen die Revenuen pro Ticket unter den Airlines aufgeteilt werden. Dies geschieht mittels des. Sog. Proratings, dass oft von neutralen Dienstleistern für die Airlines ausgeführt wird. Dazu müssen die Airlines die Flugticketinformationen pro Passagier und Flugsegment an den Dienstleister transferieren.

Teilweise werden die Revenuen auch anders zwischen den Airlines aufgeteilt. Dabei ist es z.T. nicht unüblich, dass Fluggesellschaften personenbezogene Reisedaten austauschen. Dabei „landen" Passagierdaten auch bei solchen Airlines, bei denen die besagten Passagiere gar keine Flugsegmente abgeflogen haben.

→ *Die persönlichen Daten sind u.U. bei Airlines auf der ganzen Welt verteilt, ohne dass die Passagiere in der Vergangenheit dazu ihre Einwilligung gegeben haben.*

Das Ganze geht aber noch weiter: Weltweit haben Fluggesellschaften Verträge über Rückvergütungen mit großen Firmen geschlossen, die ihre Geschäftsreisen mit Fluggesellschaften einer oder auch unterschiedlicher Allianzen durchführen. Diese Firmen haben Zugriff auf die Passagierdaten, wenn es darum geht, diese auszuwerten, um von den Airlines Rückvergütungen (nachträgliche Discounts) auszuhandeln, abhängig von den geflogenen Meilen bzw. Ticket-Volumen.

3.3 Ausnahmen und Erleichterungen

Die DSGVO selbst sieht keinerlei Ausnahmen, vor. Im Kapitel IX wird lediglich darauf verwiesen, dass die EU Mitgliedsstaaten nationale Vorschriften auf für besondere Verarbeitungssituationen selbst erlassen können.

3.3.1 Vorschriften für besondere Verarbeitungssituationen

Hervorgeheben wird in Kapitel IX dabei die Notwendigkeit, durch „entsprechende Rechtsvorschriften," die DSGVO in Einklang mit dem nationale Recht der EU-Staaten zu bringen, und zwar im Hinblick auf:

— Die Informationsfreiheit

— Verarbeitung zu journalistischen Zwecken sowie

— Verarbeitung zu künstlerischen und literarischen Zwecken.

So muss ein Journalist bisher z.B. nicht von jedem Prominenten oder Bürger auf öffentlichen Versammlungen eine Einwilligung einholen müsse, wenn diese auf Fotos erscheinen.

Hierfür sorgte in Deutschland bislang das Kunsturhebergesetz (KUG). Aufgrund der Rechtsprechung, die dem KUG eine bereichsspezifische Regelung gem. Abs. 3 BDSG zugesprochen hat, relativierte das KUG somit das alte BDSG bzw. schwächte es im Sinne der Kunstfreiheit ab.

Die Juristen streiten sich derzeit noch, ob das KUG in Deutschland auch die DSGVO relativieren könnte. Die hier herrschende Rechtsunsicherheit zeigt, dass auch der Gesetzgeber die zwei Jahre Übergangsfrist seit 2016 verschlafen hat, wenn hier immer noch keine Klarheit herrscht.

Letztendlich werden diese und andere fraglichen Sachverhalte durch die Gerichte geklärt werden – müssen.

Auf der anderen Seite muss man den Verfassern der DSGVO natürlich zugutehalten, dass es schwierig bis unmöglich war, einen Rechtsrahmen zu schaffen, in dem sich alle Mitglieder der EU, wiederfinden. Die Freiheit der Presse, der Kunst und der Wissenschaft stehen nicht in allen EU-Staaten gleich hoch im Kurs.

3.3.2 Verarbeitung der Daten Verstorbener

Und nebenbei – die DSGVO erstreckt sich nicht auf den Schutz der Daten Verstorbener. Dies stellt nach Meinung des Autors eine gewagte Entscheidung dar, wo es doch nicht geklärt ist, wie die sozialen Netze mit den Accounts verstorbener verfahren (dürfen). Außerdem hängen an jedem Verstorbenen auf sozialen Plattformen ja auch Angehörige und Freunde, die von einem Missbrauch personenbezogener Daten verstorbener betroffen sein würden.

3.4 Keine Katz- und Maus-Spiele mehr

International operierende Konzerne sollen sich nicht durch geschickte Wahl ihrer Niederlassungen innerhalb und außerhalb der EU aus der Affäre ziehen können, so sie denn personenbezogene Daten von Bürgern der EU verarbeiten.

So könnte ein Konzern auf die Idee kommen, seine Hauptniederlassung in Österreich zu errichten, um dort im Vergleich zu Deutschland von den (noch) schwächer ausgeprägten Ahndungen bei DSGVO-Verstößen zu profitieren. Eine solch strategische Wahl des Ortes der Hauptniederlassung nützt nichts, wenn die eigentliche oder hauptsächliche Verarbeitung Deiner persönlichen Daten durch den Konzern dann doch in Deutschland stattfindet. Die DSGVO sieht nämlich vor, dass in so einem Fall dann doch die deutsche Ausgestaltung der Öffnungsklauseln der DSGVO zum Tragen käme.

Ähnliches gilt auch für eine andere Art des Katz- und Maus-Spiels, und zwar dem zwischen einem Verantwortlichen und den beauftragen Auftragsverarbeitern.

Der Auftragsverarbeiter ist dabei der „verlängerte Arm" des Verantwortlichen, sodass der Verantwortliche bei systematischen Verstößen gegen die DSGVO immer die volle Verantwortung trägt.

Andererseits gilt für den Auftragsverarbeiter derselbe hohe Strafrahmen wie für jeden anderen Verantwortlichen auch, wenn der Auftragsverarbeiter gegen die DSGVO verstößt.

Und es geht sogar noch weiter: Prinzipiell darf ein Verantwortlicher mit Sitz in der EU auch einen Auftragsverarbeiter außerhalb der EU mit der Verarbeitung von Daten beauftragen, wenn dieser Auftragsverarbeiter nachweist, dass er die personenbezogenen Daten gemäß der DSGVO verarbeitet. Sollte sich im Nachhinein herausstellen, dass der Auftragsverarbeiter dazu nicht in der Lage ist, haftet Dir gegenüber weiterhin der Verantwortliche. Dieser kann sich nicht herausreden.

Aus diesem Grunde werden Zertifizierungen nach DSGVO in Zukunft eine große Bedeutung zukommen. Derzeit haben sich noch keine Zertifikate oder Gütesiegel etabliert, mit denen z.B. Auftragsverarbeiter ihre DSGVO-Kompatibilität nachweisen können.

Die Erhebung Deiner persönlichen Daten kann an andere Aktivitäten wie z.B. Rechtsgeschäfte, Vertragsabschlüsse gekoppelt sein. Dies ist solange zulässig, wie Deine Daten für das besagte Rechtsgeschäft notwendig sind. In einem solchen Fall kann Deine Einwilligung zur Verarbeitung Deiner persönlichen Daten angenommen werden.

Trotzdem muss der Verantwortliche im Sinne der DSGVO Dich über die Art und Weise sowie den Zweck der Datenverarbeitung informieren.

> *Beispiel: Du schließt eine Kaufvertrag ab. Sollte der Verantwortliche Deine Daten auch noch für einen anderen Zweck als das eigentliche Rechtsgeschäft verarbeiten oder aber mehr Daten als benötigt von Dir verarbeiten wollen, muss er Dich darüber informieren. Wird diese Unterrichtung unterlassen, könnte der gesamte Vertrag angefochten werden können.*

Auch muss der Verantwortliche Dich darüber informieren, wenn er Daten z.B. an Wirtschafts-Auskunfteien weitergeleitet um Deine Kreditwürdigkeit einschätzen zu lassen. Das ist allerdings bereits heute schon der Normalfall.

4. Deine Rechte als Kunde und Nutzer

Bei den Rechten, die Du als Nutzer gegenüber dem Verantwortlichen hast unterscheide ich zwischen drei Arten von in diesem Kapitel beschriebenen Rechten:

1. Passive Rechte

Dies sind Rechte, nach denen Verantwortlicher und Auftragsverarbeiter sich richten müssen, ohne dass Du aktiv werden musst.

Im Einzelnen sind diese:

– Die erweiterten Auskunftspflichten Dir gegenüber. Diese müssen Dir der Verantwortliche ungefragt und proaktiv zur Verfügung stellen, z.B. bei Deinem Besuch auf dessen Website.

– Dein Recht auf Einwilligung und Zweckbindung

– Dein Recht auf Datenminimierung bei der Verarbeitung dieser Daten

– Dein Recht auf nichtautomatisierte Entscheidungen, die rechtlichen Auswirkungen auf Dich haben – zumindest nicht ohne Deine Einwilligung im Fall der Kreditwürdigkeitsabfrage

– Dein Recht auf Korrektheit Deiner Daten

– Dein Recht auf Benachrichtigung, wenn die Integrität Deiner Daten verletzt wurde

2. Aktive Rechte

In die Kategorie der aktiven Rechte habe ich diejenigen Rechte einsortiert, die Du bewusst war nehmen musst, z.B. durch Anfragen. Diese sind:

– Dein Recht auf Widerruf

– Dein Recht auf Widerspruch

- Dein Recht auf Löschung Deiner persönlichen Daten bei einem Verantwortlichen

- Dein Recht auf Datenübertragbarkeit – hiermit ist sowohl die Aushändigung der Daten an Dich als auch an einen anderen Verantwortlichen gemeint.

- Dein Recht auf Beschränkung der Verarbeitung Deiner persönlichen Daten

- Dein Recht auf Haftung und Schadenersatz, sollte Dir bei der Verletzung des Schutzes Deiner persönlichen Daten ein materieller oder immaterieller Schaden entstanden sein.

In den folgenden Unterkapitel werden die oben aufgelisteten Rechte erläutert:

4.1 Erweiterte Auskunftspflichten

Die DSGVO erfordert neuerdings von den Verantwortlichen und Auftragsverarbeitern, die Verarbeitung Deiner Daten transparent und sicher zu gestalten. Deshalb gelten erweiterte Auskunfts- und Informationspflichten gegenüber Kunden. Beispiele sind:

- Datenschutzerklärungen auf Web-Seiten

- Einwilligungsformulare vor der Verarbeitung der persönlichen Daten

4.2 Dein Recht auf Einwilligung und Zweckbindung

Es bestand bereits im BDSG die Pflicht, die Daten nur für den vereinbarten Zweck zu vereinbaren. Die DSGVO fordert allerdings zusätzlich, dass im Falle von mehreren Zwecken der Datenverarbeitung Deine explizite Einwilligung für jeden einzelnen Zeck eingeholt werden muss. (Artikel 5).

Jegliche Form der Verarbeitung Deiner Daten durch der DSGVO unterworfene Verantwortliche darf nur auf der Basis Deiner ausdrücklichen Einwilligung geschehen. Dies kann die Unterzeichnung einer Einverständniserklärung durch Unterschrift oder explizites Anklicken einer Checkbox geschehen. Keinesfalls darf es die Einwilligung durch Stillschweigen oder Untätigkeit, z.B. durch Voreinstellungen (aktivierte Checkbox) auf einer Web-Seite angenommen werden.

➔ Dient die Verarbeitung Deiner Daten mehreren Zwecken, z.B. der Verarbeitung in einem Flugbuchungssystem, Werbung / Newsletter-Versand und statistische Auswertung, muss zu beiden Zwecken Deine ausdrückliche Einwilligung eingeholt werden.

Weiterhin existiert Dein Recht auf Auskunft vom Verantwortlichen über Art, Anzahl und Zweck Verarbeitung Deiner persönlichen Daten .

Deine Daten dürfen auch nur nach Deiner ausdrücklichen Einwilligung an weitere Verantwortliche weitergegeben werden.

4.3 Dein Recht auf Datenminimierung

Bereits das BDSG schrieb vor, nur so wenige Daten wie möglich und nur so viele Daten wie nötig von einer Person zu verarbeiten. Die gilt im DSGVO weiterhin (Artikel 5).

Deine persönlichen Daten dürfen nur solange gespeichert, wie für den Zweck der Verarbeitung erforderlich ist (Datenminimierung).

4.4 Dein Recht auf nichtautomatisierte Entscheidungen

Die Verarbeitung Deiner Daten darf keinesfalls dazu führen, dass Du in Folge der Verarbeitung Deiner Daten rechtlichen Auswirkungen unterworfen wirst, die sich aus einer vollautomatisierten Verarbeitung Deiner persönlichen Daten ergeben. Hiermit befasst sich eingehend der Artikel 22 („Automatisierte Entscheidungen im Einzelfall einschließlich Profiling")

Die geht möglicherweise auf einen der Grundsätze der Jurisdiktion zurück, dass der Weg zum Urteil generell „lebend" sein muss. Es dürften somit -in Rechtsstaaten- keine rechtlich bindenden Urteile automatisch gefällt werden.

Du wendest jetzt natürlich ein, dass eine derartige Praxis üblich ist, wenn bei Online-Einkäufen Deine Kreditwürdigkeit automatisch abgefragt wird.

Dies legt jedoch daran, dass Du allerhöchstwahrscheinlich zuvor Deine ausdrückliche Genehmigung gegeben hast, dass Du nämlich in diesem Fall des Vertragsschlusses der automatischen Überprüfung Deiner Kreditwürdigkeit zustimmst. Laut DSGVO muss dies ausdrücklich geschehen.

Dasselbe gilt übrigens generell für das bereits erwähnte Profiling, das Regelmäßig zur Analyse und Voraussage des Verhaltens natürlicher Personen genutzt wird.

Die DSGVO lässt aber zu, dass einzelne EU-Staaten automatisierte Entscheidung mit Rechtswirkung auf der Basis Deiner persönlichen Daten generell zulassen, z.B. im Falle der Steuerkriminalität.

4.5 Dein Recht auf Korrektheit Deiner Daten

Verantwortliche müssen bei der Verarbeitung Deiner persönlichen Daten alle zumutbaren Maßnahmen treffen, um die Korrektheit Deiner Daten in allen Phasen der Verarbeitung zu sichern. Das gilt sowohl für den Schutz bei der Speicherung als auch in Bezug auf die korrekte algorithmische (statistisch/mathematisch).

Insbesondere geht es um die Sicherstellung der Korrektheit sensibler personenbezogener Daten wie Deiner Religionszugehörigkeit oder sexuellen Identität.

Es gilt also, zu jedem Zeitpunkt die Korrektheit der verarbeiteten Daten zu gewährleisten indem die Integrität der Daten gemäß dem Stand der Technik („data protection by design") sichergestellt wird. Veraltete Technik oder auch ausgelassene Sicherheits-Patches stellen somit keine „Ausrede" dar.

Nebenbei: Die Tatsache, dass die IT-Sicherheit so explizit in der DSGVO verankert ist, stellt durchaus eine der Neuerungen gegenüber des alten BDSG dar.

4.6 Dein Recht auf Benachrichtigung

Du hast das Recht auf unverzügliche Benachrichtigung durch den Verantwortlichen („Meldepflichten"), sollte die Integrität Deiner Daten verletzt werden (Schutzverletzung). Eine solche Benachrichtigung sollte direkt an Dich gerichtet werden, kann aber auch durch eine allgemeine öffentliche Verlautbarung an alle Kunden erfolgen.

Es muss aber auf jeden Fall aus dieser Benachrichtigung hervorgehen:

— Die Beschreibung der Art der Schutzverletzung

— Welche Auswirkung die Schutzverletzung auf Dich hat.

Im Regelfall musst Du unverzüglich benachrichtigt werden, damit Du ggf. Sicherheitsmaßnahmen auf Deiner Seite einleiten kannst, z.B. Passwort-Änderung oder Schließung eines Accounts.

<u>Was ist nun ein meldepflichtiger Vorfall?</u> Das kann der Verlust eines Notebooks mit Kundendaten sein oder auch nur, überspitzt, eine einzige an den falschen Empfänger versendete Email, wenn diese ein Risiko Deine Rechte und Freiheiten bedeuten kann. Dabei muss noch nicht einmal der Inhalt selbst das „Risiko" darstellen – es reicht bereits der Absender, wenn es sich hierbei z.B. um eine Suchtberatungsstelle handelt.

4.7 Dein Recht auf Widerruf

Dein wohl wichtigstes Instrument ist der **Widerruf**, der sich auf eine einmal ausdrückliche Zustimmung zur Verarbeitung Deiner Daten zwecks Werbung, Kontaktanbahnung, statistischer Auswertung o.a. bezieht.

In so einem Fall muss der Verantwortliche Deine persönlichen Daten „unverzüglich" löschen.

Ein weiteres Recht ist der Zweckfortfall, wenn z.B. Deine persönlichen Daten statistisch ausgewertet wurden, für den Zweck, zu dem Du Deine Zustimmung erteilt hast, dieser aber nicht mehr besteht (z.B. Kauf eines Autos). Danach dürfen Deine persönlichen Daten nicht mehr verarbeitet werden. Da zur Verarbeitung im Sinne der DSGVO auch die Speicherung fällt, müssen Deine Daten in so einem Fall gelöscht werden, ohne dass Du Dich darum zu kümmern brauchst.

→ *Interessant wird es, wenn Du zwei Jahre nach Zweckfortfall ein Auskunftsbegehren an den Verantwortlichen stellst, damit dieser Dir mitteilt, welche Daten er von Dir (noch) gespeichert hat. Deine Erwartungshaltung wäre, dass er Dir mitteilt, keine Daten von Dir (mehr) zu verarbeiten, d.h. zu speichern. Wenn er Deine Daten dennoch verarbeitet bzw. gespeichert hat, könnte dies an Gewährleistungs-, Aufbewahrungs- oder sonstigen rechtlichen Fristen liegen. Wenn dies aber nicht zutreffen sollte, müssten Deine Daten spätestens nach Deiner Aufforderung bzw. Deines Löschbegehrens gelöscht werden. Obwohl dieses Verhalten bereits ein Verstoß gegen die DSGVO darstellen könnte, da Deine Daten nicht sofort nach Zweckfortfall gelöscht wurden, wird es wahrscheinlich in einem solchen Fall nicht sofort zur Verhängung der vieldiskutierten drakonischen Strafen[4] kommen. Dies wäre u.U. auch nicht im Sinne der DSGVO, vor allem dann nicht, wenn es sich beim Verantwortlichen um ein kleines oder mittleres Unternehmen handelt. Erst wenn Du durch wiederholtes Anfragen über einen längeren Zeitraum nachweisen könntest, so meine Meinung, dass der Verantwortliche seinen in der DSGVO definierten Pflichten systematisch nicht nachkommt, kann es sein, dass es zur Verhängung*

---

[4] Bis zu 20 Millionen EUR oder 4% des Jahresumsatzes im äußersten Fall – es gibt hier aber mehrere Stufen, die im DSGVO unter Artikel 83, Absatz (3) erläutert werden.

hoher Strafen kommt.

4.8 Dein Recht auf Widerspruch

Nicht zu verwechseln mit dem Widerruf ist der im Folgenden besprochene Widerspruch gegen die Verarbeitung Deiner Daten. Das Recht auf Widerspruch ist angebracht, wenn die Verarbeitung Deiner Daten im öffentliche Interesse oder zur Wahrung sog. „berechtigter Interessen" erfolgt. Das ist z.B. bei statistischen Erhebungen durch große im Auftrag der öffentlichen Hand arbeitenden Wirtschaftsforschungsinstitute der Fall.

→ Nun fällt im Sinne der DSGVO das wirtschaftliche Interesse des Verantwortlichen mitunter auch unter das „berechtigte Interesse", sodass das wirtschaftliche Interesse des Verantwortlichen, der Deine persönlichen Daten verarbeitet, mehr wiegen könnte, als Dein Recht auf Privatsphäre. Dass ist genau dann der Fall, wenn die Auswirkungen der besagten Verarbeitung auf Deine Privatsphäre gering sind. Dies wiederum kann dann der Fall sein, wenn der Verantwortliche geeignete Maßnahmen zum Schutz Deiner Daten trifft, z.B. die Pseudonymisierung Deiner Daten – und das auch nachweist.

Natürlich gibt es auch Situationen, wo Deine Rechte auf Freiheiten bzgl. Deiner Daten eingeschränkt sind:

– Wenn die Daten gesetzlicher Aufbewahrungspflichte unterliegen

– Wenn Deine Daten im Rahmen der nationalen und öffentlichen Sicherheit verarbeitet werden oder z.B. der öffentlichen Gesundheitsvorsorge.

– Wenn es um öffentliche Archivzwecke geht

– Wenn die Datenverarbeitung zur Ausübung des Rechtes auf freie Meinungsäußerung geschieht (Journalismus)

– Wenn die Verarbeitung der Verteidigung oder Verfolgung von

Rechtsansprüchen vor Gericht dient

- Wenn die Verarbeitung durch Netzbetreiber oder Sicherheitsdienste erfolgt, um Bedrohungen entgegenzuwirken

Es ist nicht im Sinne der DSGVO, dass Du selbst herausfinden musst, wie und wozu der Verantwortliche Deine Daten verarbeitet. Der Grundsatz der Transparenz gebietet, dass Dir der Verantwortliche vorab, z.B. vor oder spätestens bei Deiner Einwilligung zu einer Verarbeitung Deiner persönlichen Daten mitteilt, zu welchem Zweck die Verarbeitung welcher Daten geschehen soll.

4.9 Dein Recht auf Löschung

Das Recht auf Löschung Deiner persönlichen Daten bezieht sich insbesondere auf Situationen, in denen ein Verantwortlicher Deine Daten öffentlich gemacht hat. Ein solcher Verantwortlicher ist verpflichtet, Deinem Wunsch auf Löschung nicht nur in seinen eigenen Systemen nachkommen, sondern auch alle weiteren Parteien über Dein Löschungsbegehren zu unterrichten, dem diese im Regelfall auch nachkommen müssen, indem die Empfänger einerseits die Daten selbst löschen und andererseits alle Links auf diese Daten entfernen müssen.

Wenn sich die Löschung Deiner Daten über mehrere Systeme hinweg ausbreitet, spricht man auch vom „Recht auf Vergessenwerden".

Man könnte die diesbezüglichen Vorschriften zum Recht auf Löschung auch „Google-Paragraphen" nennen. Der Begriff des Rechts auf Vergessenwerden" wurde das erste Mal in Bezug auf die Rechtsprechung des Europäischen Gerichtshofs in der Rechtssache C-131/12 vom 13 Mai 2014 erwähnt. Dies geschah im Hinblick auf ein Löschbegehren bei der Internet-Suchmaschine Google.

Aufgrund der technischen Komplexität ist offensichtlich, dass das Recht auf Löschung in der DSGVO keine festen Fristen vorgeben kann, sondern es bei einem „unverzüglich" belässt. Es müssen vom Verantwortlichen, der die Daten zuerst verarbeitet hat, möglichst viele weitere Empfänger dieser Daten ohne Verzug von Deinem Löschbegehren informiert werden. Welche Anstrengungen des Verantwortlichen und der weiteren Empfänger der Daten dabei als „angemessen" gelten, wird mal wieder die kommende Rechtsprechung zeigen.

4.10 Dein Recht auf Datenübertragbarkeit

Um Deine Datenhoheit voll wahrnehmen zu können, musst Du auch in der Lage sein zu bestimmen, welcher Verantwortliche Deine persönlichen Daten verarbeiten darf. Dazu muss es möglich sein, dass Dir Deine Daten auf Anfrage in einem maschinenlesbaren und gängigen Format ausgehändigt werden, das wiederum andere Verantwortliche importieren können. Dies wird mit dem Begriff der Datenübertragbarkeit (Data Portability) bezeichnet.

Szenario: Du könntest ein Auskunftsbegehren an ein großes deutsches Marktforschungsinstitut richten, Dich über Deine dort gespeicherten persönlichen Daten zu informieren. Dem muss das Institut nachkommen, allerdings würde es Deine Anfrage nach Herausgabe in einem maschinenlesbaren und gängigen Format u.U. Abschlägig beantworten – mit Verweis darauf, dass Du dem Marktforschungsinstitut keine Einwilligung zur Verarbeitung Deiner persönlichen Daten gegeben hast. Dies wäre aber auch nicht notwendig, da (a) kein Vertrag zwischen Dir und dem Marktforschungsinstitut existiert und (b) auch kein Vertrag notwendig ist, da das Marktforschungsinstitut im öffentlichen Interesse handelt. Ein Vertrag und die damit verbundene Einwilligung zur Verarbeitung Deiner persönlichen Daten mag es geben, allerdings nur zwischen Dir und dem Händler, bei dem Du waren gekauft hast, deren Transaktionsdaten bei dem besagten Marktforschungsinstitut gelandet sind. Aber dieser Kaufvertrag würde Dich nicht zur Geltendmachung von Ansprüchen an das Marktforschungsinstitut berechtigen – so meine Einschätzung. Trotzdem kannst Du der Verarbeitung Deiner persönlichen Daten durch das Marktforschungsinstitut widersprechen. Diesem Widerspruch könnte das Marktforschungsinstitut sich nur dann widersetzen, wenn es ein berechtigtes Interesse an der Verarbeitung Deiner persönlichen Daten nachweisen kann und die Verarbeitung nur geringe Auswirkungen auf Deine Persönlichen Rechte und Freiheiten hat. Von geringen Auswirkungen kann z.B. ausgegangen werden, wenn das Marktforschungsinstitut Deine Daten in pseudonymisierter Form verarbeitet und auswertet.

4.11 Dein Recht auf Beschränkung der Verarbeitung Deiner Daten

Dein Recht auf Beschränkung der Verarbeitung ist so eine Art Recht auf „temporäre Löschung" – also „Löschung Light". Demnach geht hier es vornehmlich um offengelegte personenbezogene Daten.

Dir Beschränkung der Verarbeitung bedeutet, dass den Nutzern vorübergehend der Zugriff auf Deine Daten entzogen wird. Die DSGVO fordert, dass Verantwortliche und deren Auftragsverarbeiter auf derartige Situationen vorbereitet sind und kurzfristig die Einschränkung der Verarbeitung mit technischen Mitteln durchführen können - und diese auch wieder rückgängig machen können.

4.12 Dein Recht auf Haftung und Schadenersatz

Hat ein Verantwortlicher oder Auftragsverarbeiter bei der Verarbeitung Deiner persönlichen Daten massiv gegen die DSGVO verstoßen und wurde ihm das rechtskräftig durch ein Gerichtsurteil nachgewiesen, hast Du ein Recht auf Schadenersatz, wenn Dir ein finanzieller oder immaterieller Schaden entstanden ist (Artikel 82).

Dieser Schadenersatz wird sich wohl nicht ansatzweise im Bereich der Bußgelder (bis zu 20 Millionen EUR, 4% des Jahresumsatzes) bewegen.

Auch in diesem Fall wird die künftige Rechtsprechung zeigen, in welcher Höhe sich die Schadensersatzzahlungen bei immateriellen Schäden (Z.B. Rufschädigungen) und materiellen Schäden (Kreditverweigerung) einpendeln werden, sofern diesen Schädigungen das Fehlverhalten eines Verantwortlichen oder Auftragsverarbeiters zugrunde liegt.

5. Deine Pflichten als Verantwortlicher

Dieser Abschnitt geht kurz auf ein paar wesentliche Pflichten ein, die auch Auswirkung auf Deine Arbeit als Anbieter von Inhalten, Produkten oder Dienstleistungen über das Web haben.

5.1 Deine Pflichten im Hinblick auf die Rechte der Nutzer

Zunächst muss der Verantwortliche natürlich den in Kapitel 4 aufgeführten „aktiven" und „passiven" Rechten entsprechen.

Sollte es sich bei Dir selbst um einen Verantwortlichen handeln, der nebenbei einen Blog betreibt, so sind es diese Rechte des Nutzers, deren Vernachlässigung Dir am ehesten eine Abmahnung einhandelt.

Insbesondere, dass von mir als „passives Recht" kategorisierte Recht der erweiterten Auskunftspflichten:

- Wenn beim schlichten Besuch Deines Blogs oder Deiner Webseite bereits offensichtlich keine oder eine fehlerhafte Datenschutzerklärung existiert, machst Du es dem Abmahngesindel besonders leicht.

- Selbst einfachen Newsletter-Anmeldungen auf einem Blog müssen entsprechende Einwilligungsformulare für die Verarbeitung der persönlichen Daten vorhanden zugrunde liegen.

Weiterhin gibt es einige der „aktiven Rechte", bei deren Wahrnehmung durch Nutzer Deine Reaktion als Verantwortlicher innerhalb einer bestimmten Frist gefordert ist.

Diese Reaktion besteht zumeist aus zwei Teilereaktionen:

- Durchführung des Anliegens (z.B. Löschbegehren, Widerruf, Widerspruch, Übertragung der Daten an den Nutzer oder benannten Verantwortlichen).

- Die Antwort an den Nutzer in Form einer Bestätigung der angefragten Aktion

Dies hört sich zunächst trivial an – ist es aber in den folgenden Situationen nicht unbedingt:

Wenn Du keine (volle) Kontrolle über Deine Website bzw. die zugrundeliegende Datenverarbeitung hast, dürfte Dir u.U. nicht klar sein, welche personenbezogenen Daten denn von Deinen Nutzern verarbeitet werden. Hierüber sollte der Vertrag mit Deinem Webhoster laut DSGVO Aufschluss geben – denn dieser ist im Sinne der DSGVO Dein Auftragsverarbeiter. Wie bereits erwähnt, sollte ein solcher Vertrag, wenn vorhanden, an die DSGVO angepasst, neu geschlossen oder über die AGB entsprechend erweitert werden, sodass er der DSGVO entspricht.

Nicht zuletzt solltest Du Dich mit dem Deinem Blog zugrundeliegenden Content Management System (CMS) auseinandersetzen, um zu jedem Zeitpunkt auskunftsfähig bzgl. der Art und Verarbeitung der personenbezogenen Daten Deiner Nutzer zu sein. Umso mehr, wenn kurz nach endgültigem Inkrafttreten der DSGVO u.U. sehr viele Auskunftsersuchen in kurzer Zeit auf Dich einprasseln.

Die großen Plattformen bieten hierzu Plugins und Module an, die sich leicht installieren und bedienen lassen. Wenn Du Deine Blog-Software selbst gebaut hast, wie Du es z.B. mithilfe des „Jekyll"-Frameworks tun kannst, wirst Du die DSGVO-bedingten Änderungen selbst einbauen müssen, denn derartige statische Webseiten bieten Hackerangriffen zwar relativ wenig Angriffsfläche, bieten aber auch keine besondere Unterstützung, um z.B. sämtliche personenbezogenen Daten einzelner Nutzer zu exportieren oder gezielt zu löschen.

Im speziellen werden Nutzer bei Dir Anfragen stellen nach:

- Den über sie gespeicherten Daten
- Nach Herausgabe ihrer Daten
- Nach Übertragung ihrer Daten zu einem anderen Verantwortlichen
- Nach Löschung ihrer Daten

5.2 Verbot mit Erlaubnisvorbehalt

Das bereits im BDSG existierende Verbot mit Erlaubnisvorbehalt besagt, dass es zunächst einmal generell untersagt ist, Deine persönlichen Daten überhaupt zu erheben, zu speichern und oder zu verarbeiten – vorbehaltlich Deiner Einwilligung. Dieser Grundsatz gilt weiterhin. Voreingestellte Einwilligungen mittels bereits aktivierter Checkboxen waren prinzipiell schon immer verboten.

5.3 Der Datenschutzbeauftragte

Wenn Du als Kunde oder Nutzer Fragen an einen Verantwortlichen hast, die sich nicht sofort aus der Datenschutzerklärungen oder sonstiger standardmäßig bereitgestellter Informationen des Verantwortlichen ergeben, kannst Du dich an den Datenschutzbeauftragten des Verantwortlichen wenden.

Prinzipiell müssen alle Unternehmen, in denen sich ab 10 Personen mit der automatisierten Verarbeitung Personenbezogener Daten beschäftigen einen Datenschutzbeauftragten ernennen. Dazu zählen dann beispielsweise die Mitarbeiter der Personalabteilung, des Vertriebs, des Beschwerde-Managements, der Störungsbehebung – sie alle haben erheblich mit personenbezogenen Daten zu tun.

➔ *Ich könnte es auch noch stärker auf den Punkt bringen: Bei einem Unternehmen mit ca. 10 beschäftigen , das z.B. personenbezogene Daten in seinen Systemen verarbeitet, und sei es auch nur per Email, kann man davon ausgehen, dass alle Mitarbeiter mit der Verarbeitung personenbezogenen befasst sind – und sei es nur, weil diese Mitarbeiter Zugriff auf ein Email-Postfach für dringende Kundenanfragen und -Beschwerden haben. Somit könnte die Ernennung eines Datenschutzbeauftragten für diese Firma fällig sein.*

5.4 Das Verarbeitungsverzeichnis

Auf den ersten Blick keine Neuerung zum alten BDSG stellt das „Verarbeitungsverzeichnis" dar, denn das BDSG kannte bereits das „Verfahrensverzeichnis, das eine Liste aller Prozesse mit Bezug zu personenbezogenen Daten zum Inhalt hatte. Allerdings geht der Inhalt des Verarbeitungsverzeichnisses weiter – für jeden Prozess muss detailliert festgehalten werden, zu welchem Zweck und wie lange die Daten verarbeitet werden sollen, sowie die Rechtsgrundlage für die Verarbeitung der personenbezogenen Daten. Dazu muss der Prozess mit seinen technischen und organisatorischen Maßnahmen zum Schutze der Daten beschrieben - und aktuell gehalten – werden.

Ein Unterschied zwischen Verarbeitungs- und Verfahrensverzeichnis stellt die Tatsache dar, dass das Verarbeitungsverzeichnis nicht generell offengelegt wird. Stattdessen muss das Verarbeitungsverzeichnis auf Anfrage einer Aufsichtsbehörde offengelegt werden.

Nun behaupten die Mütter und Väter der DSGVO, bei der Ausgestaltung der Verordnung dies unter besonderer Beachtung der Bedürfnisse kleiner und mittlerer Unternehmen getan zu haben. Folgerichtig scheint es nachvollziehbar, wenn es in Artikel 30, Absatz 5, heißt, dass nur Firmen ab 250 Mitarbeitern ein Verarbeitungsverzeichnis führen müssen. Dieser Vorteil für Unternehmen mit weniger als 250 Mitarbeitern wird allerdings erheblich relativiert, da eine weitere Voraussetzung für das Führen eines Arbeitsverzeichnisses ist, dass personenbezogene Daten nur „gelegentlich" automatisiert verarbeitet werden.

Was heißt jetzt „gelegentlich"? Gelegentlich heißt: So selten, dass ein bestimmter Prozess zur Verarbeitung der personenbezogenen Daten zum Zeitpunkt der Bearbeitung noch gar nicht definiert ist bzw.

> *Beispiel: Ein Automobilzulieferer mit knapp 200 Mitarbeitern, der KFZ-Hersteller in Deutschland beliefert, beschließt, zwei Mitarbeiter zu einer Automobilmesse nach Shanghai zu schicken. Dies ist der erste Einsatz von Vertriebsmitarbeitern des Zulieferers im Ausland. Da es beim Zulieferer keine Reisestelle gibt, übernimmt eine Assistenzkraft die Organisation der Reise: Weiterleitung der persönlichen Daten der Mitarbeiter an*

Reiseportale, Reisebüros und Fluggesellschaften.
→ *Es erscheint offensichtlich, dass der eben geschilderte Prozess eine „nur gelegentliche" Verarbeitung der personenbezogenen daten der Vertriebsmitarbeiter darstellt. Der Prozess ist nicht offiziell und existiert derzeit nur im Kopf der Assistenz.*
→ *sollte die Reise nach Shanghai erfolgreich sein und zur weiteren Geschäftsanbahnung ein weiterer Trip nach Shanghai nach 6 Monaten ins Auge gefasst werden, ist dies der Zeitpunkt, ab dem man nicht mehr von „gelegentlich" sprechen kann. Weiterhin wird die Assistenz ihr Wissen um die Reisebuchung mit Kollegen teilen – spätestens ab dann kann von einem „gelebten Prozess" gesprochen werden, der im Verarbeitungsverzeichnis vermerkt werden muss.*

5.4.1 Kategorien von Unternehmen

Was meint die DSGVO eigentlich mit *„kleinen und mittleren Unternehmen".*

Generell kategorisiert die DSGVO kleine und mittlere Unternehmen nach einer Empfehlung (2003/361/EG) der EU.

Die Kategorie der Kleinstunternehmen und der kleinen und mittleren Unternehmen („KMU") umfasst Unternehmen, die

- Insgesamt weniger als 250 Personen beschäftigen und
- Entweder einen Jahresumsatz von höchstens 50 Mio. EUR erzielen, oder deren Jahresbilanzsumme sich auf höchstens 43 Mio. EUR beläuft.

Ein „kleines Unternehmen" Innerhalb der KMU ist ein Unternehmen, das weniger als 50 Personen beschäftigt und dessen Jahresumsatz bzw. Jahresbilanz 10 Mio. EUR nicht übersteigt.

Ein „Kleinstunternehmen" Innerhalb der KMU beschäftigt weniger als 10 Personen und hat einen Jahresumsatz bzw. eine Jahresbilanz von nicht mehr 2 Mio. EUR.

5.5 Die Datenschutzerklärung

Mit Einführung der DSGVO muss jeder Webseitenbetreiber seine Besucher über alle Prozesse unterrichten, denen die personenbezogenen Daten der Webseitenbesucher unterworfen sind, d.h. wie die Daten verarbeitet und an Dritte weitergegeben werden. Die Datenschutzerklärung muss in leicht verständlicher Sprache verfasst sein, leicht zu finden sein – am besten gleich neben dem Impressum der Website.

Fehler in der Datenschutzerklärung oder das Fehlen einer solchen werden sehr leicht zu Abmahnungen führen.

> *Es gibt im Web diverse Generatoren und Vorlagen für Datenschutzerklärungen. Du solltest deren Output aber nicht einfach kopieren, sondern Absatz für Absatz durchgehen und überlegen, was davon auf Deine Website zutrifft. Im Zweifelsfall, wenn Du z.B. nicht sicher bist, ob Dein Webhoster die IP-Adressen der Besucher speichert, solltest Du in Deiner Datenschutzerklärung trotzdem den Hinweis auf die Speicherung von IP Adressen belassen – wieviel Nutzer werden vom Besuch Deiner Internetpräsenz absehen, weil in Deiner Datenschutzerklärung steht, dass Du IP Adressen für eine begrenzte Zeit speicherst?*

5.6 Datenschutz-Folgenabschätzung

Bei der Datenschutz-Folgenabschätzung handelt es sich um eine fortlaufende Risikoabschätzung aller datenverarbeitenden Prozesse für hinsichtlich deren Folgen für Deine Rechte und Freiheiten.

5.7 Weitere bereitzuhaltende Informationen

Als Blogger oder Webshop-Betreiber gibt es zwei weitere Dokumente, die Du pflegen und bereithalten solltest, um diese bei Bedarf der Aufsichtsbehörde vorlegen zu können:

Technische und organisatorische Maßnahmen (TOM)

Diese beziehen sich zum einen auf die TOM die der Hoster Deiner Website durchführt und Dir als Dokument aushändigen sollte. Im Vorfeld der DSGVO-Einführung haben dies viele Hoster und Provider bereits getan. In den TOM -Dokumentationen sind alle Schutzmaßnahmen festgehalten, von physikalischen Zugangsberechtigungen zu Gebäuden über die Überwachung von Arbeitsplätzen bis zu Backup-Prozessen.

In machen fällen haben Dir die Webhoster eine TOM-Dokumentation vor dem 25. Mai 2018 ohne Anfrage zukommen lassen.

Vertrag über die Auftragsdatenverarbeitung

Nach der DSGVO ist auch ein Webhoster, der inhaltlich nichts mit personenbezogenen Daten auf Deiner Website anfängt, ein Auftragsverarbeiter, da er diese Daten speichert, was laut DSGVO einem Verarbeiten entspricht.

Theoretisch müsstest Du mit diesem bis zum 25. Mai 2019 einen Vertrag schließen, der Deinen bisherigen Hosting-Vertrag ersetzt oder ergänzt.

In vielen Fällen werden Webhoster Dir einen Standardvertrag zusenden oder einfach ihre AGB ändern. Es bleibt spannend, ob eine solche AGB akzeptabel ist. Für einfache Websites wie z.B. Blogs könnte das zutreffen.

5.8 Verschlüsselung

Die DSGVO fordert, dass die Integrität und Vertraulichkeit Diener Daten durchweg gesichert sein muss (Artikel 5, Absatz (5)).

Daraus lasse sich direkt technische Schutzmaßnahmen ableiten wie:

— Die Systeme zur Verarbeitung Deiner persönlichen Daten müssen durch Authentifizierungs- und

Autorisierungsmechanismen gesichert werden.

- Webseiten müssen transportverschlüsselte Verbindungen (SSL, TLS). Dies bezieht sich auf alle Aktionen, die Anwender auf einer Webseite unter Verwendung persönlicher Daten ausführen können (Log-In, Ausfüllen von Formularen, Kauf- und Bestellvorgänge).

- Ggf. bist Du Backup-Pflichtig, um die Daten Deiner Nutzer/Kundennach einem Ausfall Deiner Website wieder herstellen zu können.

5.9 Auftragsverarbeitung und Tracking

Sobald personenbezogene Daten von einem externen Dienstleister verarbeitet werden, spricht man von Auftragsverarbeitung (Kapitel IV DSGVO).

Dies ist bereits dann der Fall, wenn Due als Blogger Deine Webseite bei einem Hoster betreiben lässt. In so einem Fall gilt der der Hoster bereits als Auftragsverarbeiter und du als Verantwortlicher. In so einem Fall ist entweder ein Vertrag zur Auftragsverarbeitung zwischen Blogger und Hoster zu schließen oder der bestehende Vertrag kann u.U. in dieser Weise interpretiert werden.

Wohlgemerkt, so ein Vertrag ist auf jeden Fall notwendig, da nahezu jeder Hoster die IP-Adresse eines jeden Webseitenbesuchers verarbeitet bzw. kurzzeitig speichert – zumindest in der Dafault-Einstellung.

Die Nutzung von Cookies unterliegt auch der DSGVO (und z.B. Deiner Einwilligung). Cookies liegen zwar auf den Clients der Webseitenbesucher, werden aber von Deiner Webseiten-Software dort abgelegt und ausgewertet.

5.10 Gemeinsam für die Verarbeitung Verantwortliche

Sollte eine Auftragsverarbeitung nicht zustande kommen, nicht zustande gekommen sein oder gar nicht gewollt sein, so können zwei oder mehrere Verantwortliche sich per Vertrag zur gemeinsamen Verantwortlichkeit verpflichten. In so einem Vertrag würden die Zwecke, Mittel und Verantwortlichkeiten aller Parteien festgelegt werden.

Es liegt nahe, dass die Kategorie der gemeinsam für die Verarbeitung Verantwortlichen immer dann greift, wenn die Definitionen von Verantwortlichem und Auftragsverarbeiter nicht passt und der bestehende Vertrag zwischen zwei datenverarbeitenden Parteien die Zuordnung zu einer Auftragsverarbeitung gar nicht zulässt.

Der Clou bei diesem Konstrukt der gemeinsamen Verantwortlichkeit ist nämlich, dass Du als von der Datenverarbeitung betroffene Person Deine Rechte gegenüber jedem einzelnen der gemeinsam verantwortlichen Parteien geltend machen kannst – unabhängig davon, wie der Vertrag zwischen den Parteien deren Rechte und Pflichten aufteilt.

Teil 2 Das Gesetz

Um ein Gesetz zu verstehen, ist es hilfreich, dessen Inhalt in seiner Struktur zu erfassen. Dabei kann der eigentliche Inhalt statt in juristischen Klauseln in an den gängigen Sprachgebrauch angelehnter Ausdrucksweise gehalten sein.

Der Teil 2 dieses Buches soll im Folgenden genau das bieten.

Kapitel I Allgemeine Bestimmungen

Artikel 1 Gegenstand und Ziele

(1) Die DSGVO enthält Vorschriften, die Dich als „Souverän" Deiner persönlichen Daten schützen sollen, wenn diese durch Firmen und Behörden verarbeitet werden.

(2) Die DSGVO soll Deine Grundrechte und -Freiheiten schützen, insbesondere Dein Recht auf Schutz Deiner Daten.

(1) Die DSGVO soll durch ihren einheitlichen Rechtsrahmen die grenzüberschreitende Wirtschaftstätigkeit fördern, indem sie einheitliche und verbindliche Regeln zur Verarbeitung Deiner persönlichen Daten festlegt.

> ➔ *Umgekehrt ließe sich sagen: Der Schutz, den die DSGVO und andere EU-Gesetze bietet, darf nicht dazu führen, dass der grenzüberschreitende Datenverkehr innerhalb der EU eingeschränkt oder verboten wird.*

Artikel 2 Sachlicher Anwendungsbereich

(1) Diese Verordnung gilt sowohl für Deine persönlichen Daten, wenn sie elektronisch verarbeitet oder aber elektronisch gespeichert werden – nicht aber auf analog gespeicherte Daten (Zettelkasten).

(2) Die DSGVO gilt unter den folgenden Umständen nicht für die

Verarbeitung personenbezogener Daten:

a) Wenn diese im Rahmen einer Tätigkeit verarbeitet werden, die nicht dem EU-Recht unterliegt, z.B. der nationalen Sicherheit.

b) Im Rahmen von Tätigkeiten, die in den Anwendungsbereich der gemeinsamen EU-Außen und Sicherheitspolitik fallen.

c) Wenn Deine Daten nur von Dir oder Deinen Familienmitgliedern für persönliche oder familiäre Angelegenheiten verarbeitet werden.

d) Wenn Daten zum Zwecke der Verbrechensbekämpfung oder der Gefahrenabwehr („Öffentliche Sicherheit") Verarbeitet werden.

(3) Wenn Behörden und Ämter Deine Daten verarbeiten, gelten für nach wie vor eigene Regeln und Gesetze, die allerdings an die DSGVO angepasst werden sollen.

(4) Die DSGVO lässt die Anwendung der EU-Richtlinie für den eCommerce (2000/31/EG) und speziell die Vorschriften hinsichtlich der Transparenz- und Informationspflichten der DSGVO (Artikel 12 bis 15) unberührt.

Artikel 3 Räumlicher Anwendungsbereich

(1) Die DSGVO gilt für „Verantwortliche" und „Auftragsverarbeiter", die Deine (Du bist EU-Bürger) Daten elektronisch verarbeiten – dabei ist es völlig egal, wo die Verarbeitung geschieht – also auch außerhalb der EU. Allerdings ist es Voraussetzung, dass der Verantwortliche oder der Auftragsverarbeiter in der EU eine Niederlassung hat.

(2) Die DSGVO gilt aber auch für Verantwortliche und Auftragsverarbeiter die WEDER in der EU Daten persönliche verarbeiten NOCH eine Niederlassung irgendwo in der EU unterhalten,

a) Wenn diese in der EU Dienstleistungen anbieten – gegen Entgelt oder umsonst. Das heißt, jeder chinesische Versender, dessen Angebot via Web von der EU aus zugreifbar ist.

b) Wenn diese Dein Verhalten beobachten, z.B. via Tracking-Mechanismen wie z.B. Cookies.

(3) Neben der „eigentlichen" EU gilt die DSVO auch für Staaten, die völkerrechtlich zu EU-Staaten gehören, z.B. Französisch-Guayana.

Artikel 4 Begriffsbestimmungen

Dieser Artikel definiert verschiedene Begriffe, die Notwendig sind, um die DSGVO zu verstehen. Es ist wichtig, zu verstehen, dass die im folgenden definierten Begriffe zwar bereits umgangssprachlich mit einer Bedeutung belegt sind, allerdings durchaus in einer anderen Bedeutung als für die DSGVO definiert.

Die Anordnung der Begriffe geschieht nicht in alphabetischer Reihenfolge, sondern ist vielmehr sachlich begründet, gemäß ihrer Bedeutung.

1. <u>Personenbezogene Daten:</u> Alle Daten einer Person, die alleine oder zusammen mit anderen Daten dazu dienen können, Personen „irgendwie" identifizieren zu können (Standort, Namen, körperliche, soziale oder sonstige Merkmale). Du bist dann identifizierbar, wenn andere Dich auch nur indirekt zu Daten wie den genannten oder weiteren, wie Online-Kennungen (IP-Adressen, Login-Daten) oder physischen, genetischen oder persönlichen in Beziehung bringen können.

2. <u>Verarbeitung:</u> Alles was mit der Erhebung Speicherung, Veränderung und Auswertung bis zur Löschung Deiner Daten zu tun hat – selbst nur das Lesen von Daten.

3. <u>Einschränkung der Verarbeitung:</u> Den Umfang der Verarbeitung persönlicher Daten in den verarbeitenden Systemen einzuschränken. Dazu müssen diese Daten entsprechen markiert bzw. mit weiteren Metadaten angereichert werden, die festlegen,

in welcher Art und Weise die Verarbeitung Deiner Daten eingeschränkt ist.

4. Profiling: Nutzung Deiner personenbezogener Daten, um Deine Eigenschaften zu bewerten, z.B. Deine wirtschaftliche Lage, Kreditwürdigkeit oder Vorlieben. Entweder geschieht dies zur Analyse Deiner aktuellen Situation oder um zukünftige Aussagen über Dich treffen zu können.

5. Pseudonymisierung: Veränderung Deiner personenbezogenen Daten, sodass Sie Dir nicht ohne weiteres zugeordnet werden können. „Nicht ohne weiters" bedeutet: Nicht ohne Hinzuziehung weiterer Informationen.

   Kommentar: Allerdings ergeben auch Deine anonymisierten Daten für sich noch immer einen Sinn. Die Experten sind sich darüber einig, dass in Zeiten der künstlichen Intelligenz mit etwas Aufwand auch pseudonymisierte Daten der Gefahr unterliegen, mit ihrem ursprünglichen Eigentümer(in) verbunden zu werden.

6. Dateisystem: Jede strukturierte maschinelle Sammlung von personenbezogener Daten.

   Kommentar: Bitte nicht mit dem Dateisystem Deines PCs verwechseln. Das Wort „Strukturiert" bezieht sich nicht auf einen Verzeichnis- und Dateibaum, sondern auf die Tatsache, dass die persönlichen Daten irgendwie in strukturierter Form (z.B. Tabellarisch oder in Datensäten) angeordnet sind. In diesem Sinne stellt ein elektronisch gespeichertes Telefonbuch ein Dateisystem dar.

7. Verantwortlicher: Jeder Mensch oder Körperschaft, die allein oder gemeinsam mit anderen Verantwortlichen Deine Daten automatisiert verarbeiten.

8. Auftragsverarbeiter: Jede Person oder Körperschaft, die Deine

personenbezogenen Daten von einem Verantwortlichen entgegennimmt und in dessen Namen verarbeitet.

9. <u>Empfänger:</u> Derjenige (Person oder Firma), dem Deine persönlichen Daten offengelegt werden – also Du selbst, wenn Dir Amazon auf Anfrage Deine Daten zur Verfügung stellt. Darüber hinaus aber auch Behörden oder Firmen in der EU, die z.B. zwecks Werbung Daten von öffentlichen Verwaltungen beziehen.

10. <u>Dritter:</u> Irgendjemand (Firma, Person), der personenbezogene Daten verarbeitet und kein Verantwortlicher, Auftragsverarbeiter oder Du selbst bist.

11. <u>Einwilligung:</u> Die hast Du abgegeben – oder solltest Du abgegeben haben, bevor irgendein Verantwortlicher, seine Auftragsverarbeiter oder sonst jemand Deine Daten verarbeitet.

12. <u>Verletzung des Schutzes personenbezogener Daten:</u> Deine Daten sind in irgendeiner Form offengelegt, vernichtet, von unbefugter Seite eingesehen oder von irgendeiner Seite genutzt, OHNE dass Du zu genau diesem Zweck eine Einwilligung erteilt hast.

13. <u>Genetische Daten:</u> Daten, die Dein Erbgut betreffen und somit Aufschluss über geerbte Eigenschaften geben, wie z.B. Erbkrankheiten, körperliche Eigenschaften

14. <u>Biometrische daten:</u> Daten personenbezogene Daten,

15. Gesundheitsdaten: Daten, die sich auf Deine vergangen oder aktuelle gesundheitliche Verfassung beziehen – dazu gehören auch „indirekte" Informationen, z.B. nach welchen Medikamenten Du im Web gesucht hast, oder welche gesundheitlichen Dienstleistungen (z.B. Massagen) Du in Anspruch genommen hast oder womöglich noch nimmst (siehe Profiling).

16. <u>Hauptniederlassung:</u> Dieser Begriff hat mehrere Bedeutungen in

Bezug auf Verantwortliche und Auftragsverarbeiter:

a. Im Falle des Verantwortlichen handelt es sich um dessen Hauptniederlassung, innerhalb der EU - ABER: Hauptniederlassung im Sinne der DSGVO ist immer die Niederlassung, die für die Verarbeitung der persönlichen Daten maßgeblich und verantwortlich ist.

b. Im Falle des Auftragsverarbeiters is es ebenso die Hauptniederlassung innerhalb der EU - Wenn eine solche existiert. Wenn es keine Hauptniederlassung gibt, dann ist es diejenige Niederlassung innerhalb der EU, in der die Auftragsverarbeitung „hauptsächlich" stattfindet.

17. <u>Vertreter:</u> Irgendein Mensch oder eine Firma mit Sitz innerhalb der EU, die vom Verantwortlichen oder Auftragsverarbeiter (beide ohne Sitz in der EU) nach Artikel 27 der DSGVO bestellt wurde.

18. <u>Unternehmen:</u> Ein Mensch oder eine Körperschaft (Firma, Verein, Genossenschaft ...), die wirtschaftlich irgendwie in der EU tätig ist.

19. <u>Unternehmensgruppe:</u> Eine Gruppe von Unternehmen, die von einem Haupt-Unternehmen angeführt wird.

20. <u>Verbindliche interne Datenschutzvorschriften:</u> Vorschriften, z.B.: in Form von Compliance-Regeln, die sich ein Verantwortlicher oder Auftragsverarbeiter in der EU selbst auferlegt, um der DSGVO zu genügen.

21. <u>Aufsichtsbehörde:</u> Eine in einem EU-Land eingerichtete Stelle zur Überwachung und Durchsetzung der DSGVO-Bestimmungen. (Siehe Artikel 51 der DSGVO zu den Aufsichtsbehörden)

22. <u>Betroffene Aufsichtsbehörde:</u> Eine in einem EU-Land eingerichtete Aufsichtsbehörde, die aus einem der folgenden Gründen von der Verarbeitung personenbezogener Daten betroffen ist:

a. Ein Verantwortlicher oder ein Auftragsverarbeiter ist im Verantwortungsbereich der Aufsichtsbehörde niedergelassen.

b. Bürger der EU im Verantwortungsbereich der Aufsichtsbehörde sind von einer Verarbeitung ihrer persönlichen Daten erheblich betroffen.

c. Du hast eine Beschwerde bezgl. der Verarbeitung Deiner persönlicher Daten bei eben dieser Aufsichtsbehörde eingereicht.

23. <u>Grenzüberschreitende Verarbeitung:</u> Die Verarbeitung personenbezogener Daten in mehr als einem EU-Staat, wenn:

    a. Der Verantwortliche/Auftragsverarbeiter in mehr als einem EU-Staat tätig ist, oder:

    b. Wenn die Verarbeitung der Daten Auswirkungen auf EU-Bürger in mehr als einem EU-Staat hat.

24. <u>Maßgeblicher und begründeter Einspruch:</u> Dies bezeichnet den „begründeten" Einspruch eines Verantwortlichen oder Auftragsverarbeiters gegen Strafmaßnahmen wegen Verstoßes gegen die DSGVO. Begründet deshalb, weil die Einspruch einlegenden Organisation genau begründen muss, weshalb Deine Grundrechte und Freiheiten auch bei Nichtanwendung der Sanktionen gewahrt und die damit verbundenen Risiken kontrollierbar bleiben.

25. <u>„Dienst der Informationsgesellschaft"</u> Nach Definition der EU ist dies nichts anderes als eine elektronische Dienstleistung (Geldüberweisung per Web) oder ein per Fernabsatz getätigter Kauf (Web-Shop).

26. <u>„Internationale Organisation"</u>: eine Einrichtung die auf der Basis einer Übereinkunft mehrere Staaten geschaffen wurde, also z.B. die Welthandelsorganisation WHO oder Interpol.

Kapitel II Grundsätze

Artikel 5 Grundsätze für die Verarbeitung personenbezogener Daten

(1) Im Sinne der DSGVO muss für die Verarbeitung personenbezogener Daten gelten:

a) Die Daten müssen auf rechtmäßige, also „DSGVO-gemäße" Weise und mit DSGV-konformen Zielen verarbeitet werden. (Auch nach „Treu und Glauben" und transparent)

b) Für genau festgelegte DSGVO-konforme Ziele. Hier gibt es allerdings eine Ausnahme: Die Verarbeitung im Sinne des öffentlichen Interesses (z.B. Archivierung für wissenschaftliche, statistische oder historische Zwecke), selbst wenn für diese Art von Verarbeitung weder Deine Einwilligung vorliegt, noch diese zu den festgelegten Zielen gehört, für die Du Deine Einwilligung erteilt hast.

Der Staat hat hier also Sonderrechte, denn er selbst bestimmt, was in öffentlichen Interesse ist.

(2) Angemessenheit, was die Art und den Umfang der Datenverarbeitung Deiner Daten betrifft - es dürfen nur die wirklich benötigten Daten erhoben werden. Stichwort ist hier „Datensparsamkeit".

(3) Die Datenverarbeitung muss sachlich richtig erfolgen („Richtigkeit") – es darf nichts verfälscht werden – veraltete Technik ist keine Ausrede – die Technik der Datenverarbeitung muss auf dem aktuellen Stand der Technik sein.

(4) Die Speicherung/Verarbeitung der Daten darf Deine Identifizierung nur solange ermöglichen, wie es für den vereinbarten Zweck wirklich notwendig ist.

Beispiel: Wenn Du Konzertkarten im Web kaufst, und der

Weiterverwendung Deiner Daten (spätere Angebote, Newsletter" nicht explizit zugestimmt hast, musst Du davon ausgehen können, dass Deine während des Kaufvorgangs gespeicherten Daten zeitnah gelöscht werden. Was bedeutet nun zeitnah? Das hängt davon ab: Wurde der Preis für die Konzertkarten per Bankeinzug beglichen, werden Deine Daten noch mindestens 6 Wochen gespeichert werden – denn solange könntest Du dem Bankeinzug widersprechen.

(5) Die Verarbeitung und Speicherung Deiner Daten muss deren Sicherheit gewährleisten. Dies ist z.B. durch fahrlässige Offenlegung, schlechte Schutzmaßnahmen oder Verlust der Fall.

(6) Die Beweislast für die Einhaltung der im Absatz (1) geforderten Sicherheit der Datenverarbeitung liegt beim Verantwortlichen. Dieser muss Dir nachweisen, dass alles DSGVO-Konform verläuft – nicht umgekehrt. Eine nicht oder nur unzureichend beantwortete Anfrage Deinerseits kann für den Verantwortlichen negative Konsequenzen haben, wenn Du das Ganze gerichtlich verfolgst.

Artikel 6 Rechtmäßigkeit der Verarbeitung

(1) Die Verarbeitung ist nur dann „rechtmäßig", wenn folgende Bedingungen zutreffen:

a) Du hast explizit Deine Einwilligung zu der Verarbeitung gegeben

b) Du hast einen Vertrag mit einem Anbieter irgendwelcher Produkte oder Dienstleister geschlossen, zu dessen Durchführung die Verarbeitung Deiner Daten notwendig ist.

c) Der Verantwortliche, der Deine Daten verarbeitet, tut dies aufgrund rechtlicher Verpflichtungen, z.B. einer Aufbewahrungsfrist.

➔ *Details, wie z.B. Aufbewahrungspflichten können die EU-Staaten aber per Gesetz selbst gestalten – hier kann es also beträchtliche Unterschiede geben.*

d) Die Verarbeitung ist notwendig, um die Deine lebenswichtigen Interessen oder die eines anderen Menschen zu schützen (z.B. Rettungseinsätze, Strafverfolgung).

e) Die Verarbeitung Deiner Daten steht in Verbindung einer Aufgabe, die im öffentlichen Interesse liegt oder wenn der Verantwortliche im öffentlichen Auftrag handelt. (Wahrnehmung des Wahlrechtes, TÜV, Medienanstalt). Dies können die EU-Staaten aber per Gesetz selbst gestalten – hier kann es also beträchtliche Unterschiede geben.

f) Die Verarbeitung Deiner personenbezogenen Daten ist in Deinem Interesse – allerdings nur solange Deine Grundrechte- und Freiheiten dabei nicht zu kurz kommen, insbesondere wenn Du ein Kind bist. Allerdings gilt dieser Absatz f) nicht für Behörden, da hier angenommen wird, dass diese immer in Deinem Interesse und der Wahrung deiner Grundrechte- und Freiheiten handeln.

(2) Noch einmal: Die obengenannten Abschnitte c) und e) sind Gegenstand der nationalen Gesetzgebung - allerdings soll diese nationale Gesetzgebung immer noch die Rechtmäßigkeit und die Verarbeitung nach Treu und Glauben verfolgen bzw. sie nicht einschränken.

(3) Die Rechtmäßigkeit der Verarbeitung der o.g. Punkte c) und e) ist abhängig vom EU-Recht bzw. dem Recht, dem der jeweilige Verantwortliche unterliegt.

(4) Erfolgt die Verarbeitung Deiner Daten ohne Deine Einwilligung und auch nicht aufgrund des öffentlichen Interesses oder sonstiger der o.g. Gesetzgebungen, kann das Verarbeiten Deiner Daten trotzdem noch rechtmäßig sein. Allerdings muss der Verantwortliche bei der Entscheidung, ob er Deine Daten weiterverarbeitend darf, folgendes beachten:

a) In welchem Verhältnis stehen Du und der Verantwortliche zueinanderstehen und was ist der Zweck der geplanten und von Dir nicht genehmigten Weiterverarbeitung?

b) In welchen sachlichen Zusammenhang wurden Deine Daten vom Verantwortlichen erhoben.

c) Die Art der über Dich vorliegenden personenbezogene Daten, also welche „Kategorien" (z.B. gesundheitliche Daten), insbesondere wenn strafrechtlich relevante Daten dabei sind (siehe Artikel 10).

d) Was sind die möglichen Folgen der geplanten Weiterverarbeitung für Dich?

e) Welche Garantien zur sicheren Verarbeitung kann Dir der Verantwortliche Bieten? Z.B. Verschlüsselung oder Pseudonymisierung.

Artikel 7 Bedingungen für die Einwilligung

Generell muss klar sein, Dass Deine Einwilligung zur Verarbeitung Deiner persönlichen ausdrücklich und bewusst geschehen muss - voreingestellte Checkboxen sind verboten:

(1) Der Verantwortliche muss Deine Einwilligung zur Verarbeitung Deiner persönlichen Daten jederzeit nachweisen können, z.B. gegenüber einer Aufsichtsbehörde.

(2) Erfolgt Deine Einwilligung in Zusammenhang mit einer anderen Vereinbarung (z.B. Eröffnung eines Kontos) muss die Einwilligungserklärung so klar und einfach gestaltet sein, dass es von dem andren Teil der Vereinbarung klar zu unterscheiden ist. Alle Teile der Einwilligungserklärung sind nicht verbindlich, wenn sie gegen die DSGVO. Verstoßen. Wenn Du zur Verarbeitung von Kategorien Deiner Daten zustimmen sollst, die für den eigentlichen Vertrag nicht notwendig sind, kann der gesamte Vertrag für Dich nichtig sein.

(3) Du kannst Deine Einwilligung jederzeit widerrufen. Solch ein Widerruf gilt ab der Widerrufserklärung für die Zukunft. Die Verarbeitung Deiner Daten in der Vergangenheit bleibt davon unberührt. Von diesem Widerrufsrecht muss der Verantwortliche

Dich auf jeden Fall vor Deiner Einwilligung in Kenntnis gesetzt haben.

> → *Der Widerruf muss so einfach wie die Einwilligung sein: Einwilligung per Mausklick → Widerruf per Mausklick.*

(4) Bedingung für die Gültigkeit einer Einwilligung ist deren Freiwilligkeit. Dies Freiwilligkeit ist nicht gegeben, wenn die Art und Menge der Verarbeitung Deiner Daten für die Erfüllung des damit verbundenen Vertrages oder der Erbringung der diesbezüglichen Dienstleistung notwendig ist.

Artikel 8 Bedingungen für die Einwilligung eines Kindes in Bezug auf Dienste der Informationsgesellschaft

(1) Bist Du noch nicht volljährig, so hat eine explizite Einwilligung zu Verarbeitung Deiner persönlichen Daten nur dann Gültigkeit, wenn Du auf jeden Fall das 13. Lebensjahr vollendet hast. Hast Du das 16. Lebensjahr noch nicht vollendet, so ist eine Bestätigung Deiner Eltern notwendig, damit die Verarbeitung Deiner persönlichen Daten rechtmäßig ist.

> *Die EU-Staaten können das Mindestalter zur Einwilligung Deiner persönlichen Daten auf ein jüngeres Alter festlegen, aber nicht jünger als 13 Jahre.*

(2) Der Verantwortliche muss sich vergewissern, dass die elterliche Zustimmung, wo notwendig, auch wirklich erteilt wurde. Die DSGVO schreibt vor, dass der Verantwortliche hierzu „angemessene" Anstrengungen unter Berücksichtigung der „verfügbaren Technik" unternimmt.

(3) Es muss klar sein, dass sich dieser Artikel nicht auf das Vertragsrecht der EU-Staaten auswirkt, die das Zustandekommen von Verträgen mit Minderjährigen regeln.

Artikel 9 Verarbeitung besonderer Kategorien personenbezogener

Daten

(1) Generell dürfen keine personenbezogenen Daten verarbeitet werden, die Aufschluss geben auf:
- rassische und ethnische Herkunft
- politische Meinungen
- religiöse oder weltanschauliche Überzeugungen
- Gewerkschaftszugehörigkeit
- genetischen Daten und biometrischen
- Daten zur eindeutigen Identifizierung einer natürlichen Person,
- Gesundheitsdaten oder Daten zum Sexualleben

(2) Der o.g. Absatz (1) gilt nicht in den folgenden Fällen d.h. Deine persönlichen Daten dürfen doch verarbeitet werden:

a) Du hast der Verarbeitung Deiner Daten für einen oder mehrere Zwecke ausdrücklich zugestimmt. Sollte die Verarbeitung der Daten, zu der Du Deine Zustimmung erteilt hast, jedoch gegen EU-Recht oder nationales Recht verstoßen, ist Deine Einwilligung unwirksam.

b) Die Verarbeitung ist notwendig, damit Du oder der Verantwortliche seine Rechte oder Pflichten ausüben kann, z.B. als Arbeitgeber in Bezug auf Sozial- oder Arbeitsrecht;

c) Die Verarbeitend der Daten dient dem Schutz Deiner lebenswichtigen Interessen oder die eines anderen Menschen und du oder die andere betroffene Person sind außerstande, die Einwilligung selbst zu geben.

d) Der o.g. Absatz (1) gilt auch dann nicht, wenn der Verantwortliche Organisation ohne Gewinnerzielungsabsicht ist;

Das können dann, wie in Deutschland leider üblich, die Kirchen sein, die Ihre angestellten im Sinne einer ihnen genehmen religiösen und sexuellen Einstellung überwachen.

e) Die Verarbeitung bezieht sich auf personenbezogene Daten, die Du selbst offengelegt hast, indem du sie z.B. auf Deinem Facebook

Account herausposaunst hast;

f) Im Rahmen von Rechtsfällen vor Gericht oder im Rahmen sonstiger justizieller Tätigkeiten, z.B. Deiner Verteidigung vor Gericht;

g) Die Verarbeitung Deiner Daten ist durch EU-Recht oder nationales Recht gedeckt und steht in einem „angemessenen Verhältnis" zum Zweck der Verarbeitung. Außerdem muss Dein Recht auf Datenschutz gewahrt werden;

h) Der Zweck der Verarbeitung Deiner persönlichen Daten zum Zwecke Deiner Gesundheitsvorsorge

i) Der Zweck der Verarbeitung dient dem öffentlichen Interesse der öffentlichen Gesundheit, wie z.B. bei Pandemien.

j) Darüber hinaus gilt wieder mal das EU-Recht oder nationales Recht sowie die im öffentliche Interesse liegende wissenschaftliche und Archivierungszwecke. (Artikel 89, Absatz 1)

a) Für die Verarbeitung Deiner Daten zum Zwecke Deiner Gesundheit (s.o.) muss die Verarbeitung durch die Schweigepflicht unterworfenen Fachpersonal geschehen.

b) Die EU-Daten können bzgl. der Verarbeitung Deiner genetischen, biometrischen oder Gesundheitsdaten weitergehende Bedingungen und Beschränkungen einführen.

Artikel 10   Verarbeitung von personenbezogenen Daten über strafrechtliche Verurteilungen und Straftaten

Die Verarbeitung Deiner persönlichen Daten für strafrechtliche Zwecke (Verurteilungen und Strafen) darf nur unter behördlicher Aufsicht geschehen. Nur diese dürfen strafrechtliche Verurteilungen „umfassend" speichern.

Artikel 11 Verarbeitung, für die eine Identifizierung der betroffenen Person nicht erforderlich ist

a) Wenn ein Verantwortlicher oder dessen Auftragsverarbeiter Deine Daten verarbeitet bedeutet das nicht, dass Du aufgrund Deiner Daten auch sofort identifizierbar bist. Wenn Du also nicht sofort ohne die Erhebung weiterer Daten identifizierbar bist soll dies auch so bleiben. Es darf also nicht sein, dass ein Verantwortlicher/Auftragsverarbeiter weitere Daten zu Deiner Identifizierung erhebt, nur um DSGVO-kompatibel zu sein.

b) Kann der Verantwortliche bei der Verarbeitung sensibler Daten des vorliegenden Artikels nachweisen, dass er nicht in der Lage ist, die betroffenen Personen zu identifizieren, so finden die Bestimmungen zu den Rechten betroffener (Artikel 15 bis 20) keine Anwendung – wie auch. Sobald eine der betroffenen Personen jedoch zusätzlich Information zu ihrer Identifizierung liefert (z.B. durch ein Auskunftsbegehren nach DSGVO), muss der besagte Verantwortliche Informationspflichten (z.B. Benachrichtigung nach Schutzverletzung der Daten).

Kapitel III Rechte der Betroffenen Person

Diese Kapitel beschreibt Deine Rechte gegenüber dem Verantwortlichen, soweit dieser Deine persönlichen Daten verarbeitet oder Du den begründeten Verdacht hast, dass er dies tut.

Abschnitt 1 Transparenz und Modalitäten

Artikel 12 Transparente Information, Kommunikation und Modalitäten für die Ausübung der Rechte der betroffenen Person

(1) Du musst vom Verantwortlichen in klarer und verständlicher Sprache über Deine Rechte (Artikel 15, 22 und Artikel 34) informiert werden. Dies gilt umso mehr, wenn Du noch nicht volljährig bist.

(2) Der Verantwortliche muss Dich dabei unterstützen, Deine Rechte ihm gegenüber auszuüben (z.B. Erteilung von Informationen, welche Daten über Dich gespeichert werden). Der Verantwortliche kann sich allerdings genau dann weigern, wenn er Dir gegenüber glaubhaft machen kann, dass er Dich nicht identifizieren kann. Dies ist kann z.B. bei einem Marktforschungsinstitut der Fall sein, dass Verkaufsdaten sammelt und diese vollständig anonymisiert speichert.

(3) Auf Deinen Antrag hin stellt Die die Verantwortliche die Informationen gemäß der Artikel 15 bis 22 auf jeden Fall innerhalb **eines Monats** zur Verfügung. Diese Frist kann aber um bis zu **zwei Monate** verlängert werden, wenn beim Verantwortlichen sehr viele Anträge eingehen oder es sich oder die Anträge hinreichend komplex sind. Weiterhin muss Dich der Verantwortliche innerhalb eines Monats informieren, wenn dieser eine Fristverlängerung wünscht. Wenn Du Deinen Antrag elektronisch gestellt hast, muss Dir der Verantwortliche auch elektronisch antworten, solange Du es Dir nicht anders wünschst.

(4) Sollte der Verantwortliche auf Deinen Antrag hin nicht tätig werden,

muss er Dich darüber unverzüglich aber auf jeden Fall innerhalb eines Monats darüber unterrichten – und Dich auf jeden Fall darüber informieren, dass Du einen gerichtlichen Rechtsbehelf oder eine Beschwerde bei einer Aufsichtsbehörde einlegen kannst.

(5) Die von dir beantragte Erteilung über die Verarbeitung Deiner persönlichen Daten muss für Dich **unentgeltlich** erfolgen. Es sei denn, Du hast einen offensichtlich unbegründeten Antrag gestellt oder aber stellst wiederholt und exzessiv Anträge. In so einem Fall darf der Verantwortliche entweder ein Entgelt verlangen oder die sich weigern, Deinen Antrag zu bearbeiten

> *Allerdings liegt die Beweislast beim Verantwortlichen, nachzuweisen, dass Dein Antrag unbegründet, rein provokativen Charakter hat oder sonst irgendwie zu schräg ist, um ernstgenommen werden zu können.*

(6) Hat der Verantwortliche begründete Zweifel an Deiner Identität, kann er weitere Informationen zur Feststellung Deiner Identität bei Dir einfordern.

(7) Die Erteilung der beantragten Information kann durch standardisierte und einfach zu verstehende Bildsymbole ergänzt werden. Im Fall, dass Dir die Informationen elektronisch zugestellt werden, müssen die Bildsymbole maschinenlesbar sein.

(8) Welche Bildsymbole für welche Zwecke erlaubt sein werden, ist noch nicht definiert - dies wird seitens der EU-Kommission (im Weiteren als „Kommission" bezeichnet) festgelegt werden.

> Für die explizite Erwähnung der Bildsymbole in diesem Artikel 12 der DSGVO könnte es zwei Gründe geben:
>
> 1) Die Informationen für Nutzer sollen generell in seht einfacher Sprache gehalten werden. Der Rückgriff auf Bildsymbole würde einer Vereinfachung der Sprache in solchen Texten Vorschub leisten können.

2) Bildsymbole könnten von Sprechern verschiedener Muttersprachen Sprachunabhängig verstanden werden.

Abschnitt 2   Informationspflicht und Recht auf Auskunft zu personenbezogenen Daten

Artikel 13   Informationspflicht bei Erhebung von personenbezogenen Daten bei der betroffenen Person

(1) Wenn ein Verantwortlicher Deine persönlichen Daten erhebt, so muss er Dir folgendes mitteilen (Dies geschieht z.B. durch die Datenschutzerklärung auf der Web-Seite eines Online-Shops, bei dem Du dich registrierst)

a) Name und Kontaktdaten des Verantwortlichen/seines Vertreters

b) Die Kontaktdaten des Datenschutzbeauftragten, wenn es einen solchen gibt

c) Zweck und Rechtsgrundlage der Verarbeitung

d) Wenn Du minderjährig bist, muss sichergestellt sein, dass ein dritter (Erziehungsberechtigter) Deine berechtigten Interessen verfolgen kann.

e) Wer sind die Empfänger der Daten bzw. welche Kategorien von Empfängern existieren

f) Die Absicht des Verantwortlichen Deine Daten in ein Land außerhalb der EU oder an eine internationale Organisation zu übermitteln. Dazu gehören natürlich auch Informationen über angemessene Garantien zum Schutz Deiner Daten, wenn solche existieren. Diese Garantien können z.B. bilaterale Verträge (Artikel 46), firmeninterne Regeln (Artikel 47) sein.

Ein Beispiel für eine solches Beispiel ist das Privacy Shield-Abkommen zwischen der EU und den USA. Natürlich bleibt es Dir überlassen, ob Du einem derartigen Abkommen mit den USA überhaupt einen Wert hinsichtlich des Schutzes Deiner personenbezogenen Daten beimisst.

(2) Im Sinne einer fairen und transparenten Verarbeitung Deiner Daten muss Dir der Verantwortliche noch weitere Informationen zur Verfügung stellen – und zwar direkt zum Zeitpunkt der Erhebung Deiner Daten wenn sie bei Dir selbst (und nicht über einen anderen Verantwortlichen) erhoben werden.

a) Die Dauer der Speicherung Deiner persönlichen Daten bzw. die Kriterien, nach denen die Dauer der Verarbeitung/Speicherung festgelegt wird

b) Dass Bestehen eines Rechts auf Auskunft über Deine Daten sowie auf Berichtigung, Löschung oder Einschränkung und Widerspruch der Verarbeitung und natürlich das Recht auf Datenübertragbarkeit.

c) Das Recht auf jederzeitigen Widerruf - wenn Du Deine explizite Einwilligung zur Verarbeitung Deiner persönlichen Daten gegeben hast. Dies gilt besonders für sensible Daten (Gesundheit, Religion etc. – siehe auch Artikel 9, Absatz 2) Solch ein Widerruf gilt niemals für die Vergangenheit, sondern nur für die Zukunft.

d) Information über das Bestehen eines Beschwerderechts bei einer Aufsichtsbehörde

e) Den Grund für die Bereitstellung Deiner persönlichen Daten, seien es vertraglich oder gesetzliche Vorgaben oder aber - und vor allem, welche Konsequenzen es für Dich hätte, würdest der Verantwortliche die Daten nicht bereitstellen.

f) Das Bestehen einer automatisierten Entscheidungsfindung z.B. hinsichtlich der Errechnung Deiner Kreditwürdigkeit. Dies schließt auch Profiling ein, wie in Artikel 22 Absätze 1 und 4 beschrieben. In solchen Fällen muss der Verantwortliche darlegen, nach welcher Logik eine solche Entscheidung gefällt wird. Es müsste überdies dargelegt werden, welche Auswirkung und Tragweiten die Entscheidung für dich hat (Zuteilung von Krediten)

> *Das hört sich auf den ersten Blick zu schön an, um wahr zu sein: Bei Unterzeichnung eines Leasing-Vertrages für ein KFZ müsste Dir die Logik mitgeteilt werden, nach der die Schufa oder eine andere Einrichtung Deine Daten bewertet. Ich denke aber, dass dem „berechtigte Interessen" des Vertragspartners (KFZ-Händler) und der Schufa selbst entgegenstehen (Artikel 6). Z.B., dass eine Offenlegung der Logik Manipulationen zulassen würde.*

(3) Hat der Verantwortliche vor, Deine Daten zu einem weiteren (anderen) Zweck als dem zuvor vereinbarten zu verarbeiten, muss er Dir hierzu dieselben Angaben wie die oben in Absatz 2 aufgelisteten Informationen zuteilwerden lassen.

(4) Die zuvor beschriebenen Absätze haben keine Gültigkeit, wenn Du die Informationen zur Verarbeitung Deiner Daten bereits besitzt. Das kann der Fall sein, wenn Du in der Vergangenheit einen umfassenden Vertrag unterschrieben hast, dem diese Informationen entnommen werden können.

Artikel 14   Informationspflicht, wenn die personenbezogenen Daten nicht bei der betroffenen Person erhoben wurden

(1) Wenn ein Verantwortlicher Deine persönlichen Daten nicht bei Dir direkt erhebt, sondern diese über andere Quellen (soziale Netze) bezieht, muss er Dich trotzdem umfassend über die Verarbeitung Deiner Daten im Sinne des Transparenz-Artikels (Artikel 12). Das sind:

a) Namen und Kontakt des Verantwortlichen bzw. seines Vertreters

b) Sowie den Kontakt des Datenschutzverantwortlichen

c) Zweck und Rechtsgrundlage der Verarbeitung

d) Wenn Du minderjährig bist, muss sichergestellt sein, dass ein dritter (Erziehungsberechtigter) Deine berechtigten Interessen verfolgen kann.

e) Wer sind die Empfänger der Daten bzw. welche Kategorien von Empfängern existieren.

f) Die Absicht des Verantwortlichen Deine Daten in ein Land außerhalb der EU oder an eine internationale Organisation zu übermitteln. Dazu gehört ggf. auch das Fehlen oder Vorhandensein eines Angemessenheitsbeschlusses für das Drittland. D.h. Du musst darüber informiert werden, ob im besagten Drittland angemessene Garantien zum Schutz Deiner Datenexistieren. Diese Garantien können z.B. bilaterale Verträge (Artikel 46), firmeninterne Regeln (Artikel 47) sein.

(2) Wiederum im Sinne einer fairen und transparenten Verarbeitung Deiner Daten, muss Dir der Verantwortliche noch weitere Informationen zur Verfügung stellen

a) Die Dauer der Speicherung bzw. Kriterien, nach der die Dauer festgelegt wird

b) Wenn die Verarbeitung Deiner Daten in Deinem Interesse liegt (d.h. sie muss „rechtmäßig" erfolgen, wie in Artikel 6, Absatz 1, Buchstabe f beschrieben), müssen Dir diese Interessen dargelegt werden.

c) Wiederum muss auch hier der Verantwortliche Dich über Dein Recht auf Berichtigung, Löschung, auf Einschränkung der Verarbeitung - also eines Widerspruchsrechts gegen die Verarbeitung sowie des Rechts auf Datenübertragbarkeit hinweisen.

d) Wenn Du Deine ausdrückliche Einwilligung zur Datenverarbeitung gegeben hast, muss Dich der Verantwortliche auf Dein Recht zum Widerruf hinweisen.

e) Das Bestehen eines Beschwerderechts bei einer Aufsichtsbehörde

f) Aus welcher Quelle die personenbezogenen Daten stammen und gegebenenfalls ob sie aus öffentlich zugänglichen Quellen stammen

g) Das Bestehen einer automatisierten Entscheidungsfindung. Dies schließt auch Profiling ein, wie in Artikel 22 Absätze 1 und 4 beschrieben. Wie bereits unter Artikel 13 erwähnt, schließt das aussagekräftige Informationen über die involvierte Logik sowie die Tragweite und die angestrebten Auswirkungen einer derartigen Verarbeitung für die betroffene Person ein.

(3) Für die Ausarbeitung Erteilung der Informationen durch den Verantwortlichen gelten die folgenden Regeln:

a) Abhängig von der Art der Verarbeitung darf sich der Verantwortlich mit der Aushändigung der Informationen an Dich ein wenig Zeit lassen, aber nicht länger als ein Monat.

b) Werden die verarbeiteten Daten dazu genutzt, mit Dir in Kontakt zu treten, müssen Dir die Informationen spätestens zum Zeitpunkt des ersten Kontaktes bereitgestellt werden, also z.B. bei Besuch auf der Webseite.

c) Sollte Deine persönlichen Daten (in rechtmäßiger Weise) einem dritten offengelegt werden, müssen Dir dies spätestens zum Zeitpunkt der ersten Offenlegung erteilt werden.

(4) Hat der Verantwortliche vor, Deine Daten für einen anderen Zweck als dem zu verarbeiten, zu dem Du Deine Einwilligung gegeben hast, muss der Verantwortliche Die Deine Daten gemäß den o.g. Absätzen zur Verfügung stellen:

(5) Die vorgenannten Absätze 1 - 4 dieses Artikels finden keine Anwendung, wenn:

a) Du bereits über diese Informationen verfügst

b) Sollte es als schlicht unmöglich erweisen oder für den Verantwortlichen in einen „unverhältnismäßig hohen" Aufwand nach sich ziehen.

c) Die Offenlegung durch EU-Recht oder nationales Recht vorgeschrieben ist und dem Schutz Deiner berechtigten Interessen dient.

d) Wenn die Verarbeitung Deiner Daten durch Berufe erfolgt, die einer gesetzlichen Schweigepflicht („Geheimhaltungspflicht") unterliegen, ist die Offenlegung Deiner Daten, wie sie dieser Absatz zum Thema hat, keine Option.

Artikel 15   Auskunftsrecht der betroffenen Person

(1) Du hast auf jeden Fall das Recht, von einem Verantwortlichen zu erfahren, ob dieser Deine Daten verarbeitet. Wenn dies der Fall sein sollte, hast Du automatisch das Recht auf Auskünfte über Deine persönlichen Daten, die der Verantwortliche verarbeitet. Diese Auskünfte sind:

a) Der Zweck der Verarbeitung Deiner Daten

b) Welche Kategorien Deiner Daten vom Verantwortlichen verarbeitet werden

c) Wem Deine Daten offengelegt werden. Sowohl durch Nennung des Namens des jeweiligen Empfängers, wenn möglich, oder durch Angabe der Kategorie von möglichen Empfängern (z.B. „Sportausrüster", „Firmen mit offen Positionen im mittleren Management").

d) Wie lange Deine Daten gespeichert werden

e) Das Recht auf Berichtigung, Löschung der Daten sowie Einschränkung der Verarbeitung Deiner Daten

f) Das Bestehen eines Beschwerderechtes bei einer Aufsichtsbehörde

g) Alle Informationen über die Herkunft der Daten, wenn Du sie nicht selbst dem Verantwortlichen zur Verfügung gestellt hast

h) Das Bestehen einer automatisierten Entscheidungsfindung. Dies schließt auch Profiling ein, wie in Artikel 22 Absätze 1 und 4 beschrieben. Wie bereits unter Artikel 13 erwähnt, schließt das aussagekräftige Informationen über die involvierte Logik sowie die Tragweite und die angestrebten Auswirkungen einer derartigen Verarbeitung für die betroffene Person ein

(2) Werden Deine Daten in ein Land außerhalb der EU („Drittland") oder an eine internationale Organisation übermittelt, muss Der Verantwortliche Dich über die Garantien zur sicheren Verarbeitung Deiner Daten in dem besagten Drittland oder der besagten internationalen Organisation unterrichten. Siehe auch Artikel 46.

Der Verantwortliche muss Dir auf Anfrage eine Kopie deiner gespeicherten Daten zur Verfügung stellen – dabei muss die erste Kopie umsonst sein.

Rückt der Verantwortliche z.B. nicht von Anfang an mit einer kompletten Kopie raus und liefert Dir die Daten in mehreren Schüben, womöglich auf Deine wiederholte Nachfrage, so bildet die Gesamtheit dieser Lieferungen natürlich die Erstlieferung und sind und müssen somit alle für Dich kostenfrei erfolgen.

Das Recht, eine Kopie Deiner persönlichen Daten, darf die Rechte und Freiheiten anderer Personen nicht beeinträchtigen

Mit diesem Argument dürfte sich so leicht kein Verantwortlicher aus Affäre ziehen können. Denn selbst wenn Deine Daten, z.B. bei einer Partnerbörse, verarbeitet werden, ist es möglich, die Daten andere Mitglieder, mit denen Du interagiert hast, aus Deinen Daten herauszufiltern. Somit hättest Du im Fall der Partnerbörse kein Recht auf Herausgabe der persönlichen Daten anderer Mitglieder, mit denen Du auf dieser Partnerbörse interagiert hast.

Abschnitt 3 Berichtigung und Löschung

Artikel 16 Recht auf Berichtigung

Du kannst jederzeit die Richtigstellung Deiner beim Verantwortlichen gespeicherten Daten verlangen. Das kann auch die Vervollständigung etwaiger unvollständiger Daten bedeuten, z.B. wenn Bildungsabschlüsse nicht gespeichert wurden. Ggf. kannst Du auch eine Erklärung abgeben, die bei Deinen Daten gespeichert werden muss.

Artikel 17 Recht auf Löschung („Recht auf Vergessenwerden")

Was genau Löschung ist, darüber schweigt sich die DSGVO aus. Man kann davon ausgehen

(1) Du hast das Recht, vom Verantwortlichen zu verlangen, das er Deine Daten unverzüglich und dauerhaft löscht - wenn einer der folgenden Gründe zutrifft:

a) Deine Daten sind für den Zweck, zu dem sie einst erhoben wurden, nicht mehr notwendig.

> *Beispiel: Du hast ein Zeitschriften-Abo gekündigt. In so einem Fall muss die Löschung (nach einer gewissen Frist, z.B. nach Auslieferung der letzten Ausgabe), automatisch erfolgen, ohne dass Du tätig werden musst.*

b) Du widerrufst Deine einmal abgegeben Einwilligung zur Verarbeitung und es existiert keine weiter Rechtsgrundlage für die Verarbeitung, z.B. in Form von nationalen Gesetzen (Aufbewahrungsfristen) oder EU-Recht.

c) Du legst Widerspruch gegen die Verarbeitung beim Verantwortlichen ein und es liegen weiterhin keine Gründe für die Verarbeitung vor, z.B. ein Dienstleistungsvertrag oder EU-Recht.

d) Deine Daten wurden unrechtmäßig verarbeitet.

> *Fällt dies dem Verantwortlichen von selbst auf, muss er Deine Daten sofort löschen – aus dem DSGVO ergibt sich, so wie ich*

das sehe, keine Verpflichtung für den Verantwortlichen, *Dich in so einem Fall zu unterrichten.*

e) Die Löschung Deiner Daten ergeben sich aus rechtlichen Verpflichtungen des Verantwortlichen (EU-Recht oder nationales Recht).

f) Du bist minderjährig – dann müssen Deine daten sofort wieder gelöscht werden, selbst wenn sie vorher rechtmäßig, wie in Artikel 8, Abschnitt 1 beschrieben.

(2) Wenn der Verantwortliche Deine Daten öffentlich gemacht hat, z.B. durch Nennung Deines Namens auf Deiner Web-Seite, muss er weitere Verantwortliche über Dein Löschbegehren informieren. Diese müssen dann ihrerseits z.B. alle Kopien Deine Daten oder Links auf Deine Daten, die in ihrem jeweiligen Verantwortungsbereich liegen, löschen.

Die beiden Absätze (1) und (2) dieses Artikels haben keine Gültigkeit, d.h. Du hast kein Recht auf Löschung, wenn die Verarbeitung Deiner Daten aus den folgenden Gründen notwendig ist:

a) Zur Ausübung des Rechts auf frei Meinungsäußerung und Information.

Das Stichwort ist hier Journalismus. Natürlich hat auch die freie Meinungsäußerung ihre Grenzen, wo sie Deine Rechte unverhältnismäßig einschränkt.

b) Aufgrund rechtlicher Vorgaben nach EU- oder nationalem Recht bzw. wenn die Veröffentlichung Deiner Daten im öffentliche Interesse liegt.

c) Aus Gründen des öffentlichen Interesses, insbesondere wenn es um die innere Sicherheit oder Deine oder die öffentliche Gesundheit geht

d) Aus den bereits bekannten Gründen des öffentlichen Interesses, wie z.B. Archivzwecke (auch durch Zeitungsverlage), statistische oder Forschungszwecke (Artikel 89, absatz1)

e) Wenn Du Rechtsansprüche vor Gericht geltend machst – oder Dich vor

Gericht verteidigt.

Artikel 18   Recht auf Einschränkung der Verarbeitung

(1) Neben der völligen Löschung kannst Du auch eine Einschränkung der Verarbeitung Deiner persönlichen Daten vom Verantwortlichen verlangen.

> *Der Begriff „Einschränkung" wird in der DSGVO allerdings sehr schwammig definiert – er steht für die Verminderung des Umfanges der Verarbeitung. Dies kann sich auf den zeitlichen („bis 2020"), räumlichen („nur in Dänemark") oder sachlichen („nur mein Nachname") Umfang beziehen. Allerdings gibt der noch folgende Absatz (2) dieses Artikels weiteren Aufschluss,*

Um die Einschränkung der Verarbeitung Deiner Daten vom Verantwortlichen zu verlangen, muss eine der folgenden Voraussetzungen gegeben sein:

a) Du bestreitest die Richtigkeit der von Dir gespeicherten persönlichen Daten.

b) Die Verarbeitung Deiner Daten war von Anfang an unrechtmäßig, Du lehnst aber die völlige Löschung Deiner Daten ab.

> *In so einem Fall kannst Du Cherry-Picking betreiben. Du schreibst dem Verantwortlichen, vor welche Deiner Daten er noch verarbeiten muss.*

c) Der Verantwortliche benötigt die Daten nicht mehr für seine Zwecke, Du benötigst jedoch diese Daten, oder einen Teil davon, weil Du mithilfe dieser Daten vor Gericht Deine Ansprüche gelten machst. Du prozessierst beispielsweise gegen den Verantwortlichen – oder der Verantwortliche gegen Dich.

d) Du hast bereits Widerspruch gegen die Verarbeitung gemäß Artikel 21 Absatz 1 eingelegt. Solange noch nicht feststeht, ob die berechtigten Gründe des Verantwortlichen gegenüber Deinen Gründen für den

Widerspruch überwiegen. In diesem Fall kannst Du zumindest von Deinem Recht auf Einschränkung Gebrauch machen.

(2) Dieser Artikel bestimmt indirekt, was mit Einschränkung gemeint ist: Wurde die Verarbeitung eingeschränkt, dann darf die Verarbeitung Deiner persönlichen Daten nur mit Deiner Einwilligung geschehen und nur zur Geltendmachung, Ausübung oder Verteidigung Deiner Rechtsansprüche – oder die einer anderen Person. Natürlich kann auch das sog. öffentliche Interesse wiederum einen Grund für die Verarbeitung der als „eingeschränkt" markierten Daten darstellen.

(3) Sollte eine von Dir bewirkte Einschränkung aufgehoben worden sein, aus welchen Gründen auch immer, so muss der Verantwortliche Dich vor(!) dieser Aufhebung hierüber informieren.

Artikel 19   Mitteilungspflicht im Zusammenhang mit der Berichtigung oder Löschung personenbezogener Daten oder der Einschränkung der Verarbeitung

Wenn der Verantwortliche Deine Daten (in durchaus in rechtmäßiger Weise) offengelegt hat, muss er alle Seiten, denen Deine Daten offengelegt wurden, darüber informieren, dass die Verarbeitung dieser Daten eingeschränkt wurde oder gelöscht werden muss. Berichtigung nach Artikel 16, Artikel 17 Absatz 1 und Artikel 18 verlangt wurde.

Artikel 20   Recht auf Datenübertragbarkeit

(1) Auf Dein Verlangen muss Dir der Verantwortliche die über Dich gespeicherten Daten in elektronisch lesbarer Form aushändigen – und zwar in einem strukturierten ("gängigen") Format, dass Du wiederum anderen Verantwortlichen zur Verarbeitung übergeben kannst. Voraussetzung hierfür sind:

   a) Du hast der Verarbeitung Deiner Daten zuvor ausdrücklich eingewilligt (siehe Artikel 6 Absatz 1 Buchstabe a/b oder Artikel 9 Absatz 2 Buchstabe a).

   b) Die Verarbeitung erfolgt mithilfe automatisierter Verfahren

(2) Du kannst von einem Verantwortlichen auch verlangen, dass er Deine Daten direkt an einen anderen Verantwortlichen zur Verarbeitung weitergibt.

Dies steht aber unter dem Vorbehalt der technischen Machbarkeit. Es müssen also beide Verantwortliche *für diesen Zweck kompatible Schnittstellen anbieten.*

(3) Von Deinem Recht auf Datenübertragbarkeit bleibt Dein Recht auf Löschung Deiner Daten (Artikel 17) auf jeden Fall unberührt – Du kannst beides verlangen – aber in der richtigen Reihenfolge. Du kannst also den Verantwortlichen A nach Übermittlung Deiner Daten an den Verantwortlichen B anweisen, Deine noch beim Verantwortlichen A gespeicherten Daten zu löschen, sofern dies mit Artikel 17 im Einklang ist.

(4) Wiederum darf Dein Recht auf Löschung die Rechte und Freiheiten anderer Personen nicht beeinträchtigen.

Abschnitt 4 Widerspruchsrecht und automatisierte Entscheidungsfindung im Einzelfall

Artikel 21   Widerspruchsrecht

Dieser Artikel befasst sich genauer mit dem bereits oft erwähnten Widerspruchsrecht.

(1) Aufgrund Deiner „besonderen Situation" (d.h. Du hast wichtige nachvollziehbare Gründe), kannst Du jederzeit der Verarbeitung Deiner Daten widersprechen, selbst wenn sie im wohlbegründeten öffentlichen Interesse liegt (Absatz 6, Absatz1, Buchstaben e und f).

(2) Werden Deine persönlichen Daten zum Zwecke der Direktwerbung (ggf. mithilfe von Profiling) eingesetzt, hast Du jederzeit das Recht zum Widerspruch, der dann unverzüglich umgesetzt werden muss.

(3) Dieser Absatz bekräftigt noch einmal, dass nach Deinem

Widerspruch gegen die Verarbeitung für Direktwerbung Deine Daten nicht mehr verarbeitet werden dürfen. D.h. sie dürfen gemäß der Definition 8artikle 4) auch nicht mehr gespeichert werden, müssen also gelöscht werden.

(4) Ein Verantwortlicher, der Direkt-Werbung auf der Basis Deiner Daten betreibt, muss Dich spätestens bei der ersten Kommunikation zwischen Dir und dem Verantwortlichen auf Dein Recht zum Widerspruch gegen die Verarbeitung hinweisen.

(5) Im Zusammenhang mit der Nutzung elektronischer Dienstleistungen (also alles, was Du im Web machen kannst) musst Du in der Lage sein, der Verarbeitung Deiner persönlichen Daten in derselben (elektronischen) Weise widersprechen können, wie Du auch Deine Einwilligung gegeben hast.

(6) Aufgrund Deiner besonderen Situation bzw. wichtiger nachvollziehbarer Gründe kannst Du, wie in Absatz (1) dieses Artikels bereits beschrieben, Widerspruch gegen die Verarbeitung Deiner persönlichen Daten einlegen. Dies gilt auch dann, wenn diese Datenverarbeitung zu wissenschaftlichen oder historischen Forschungszwecken oder zu statistischen Zwecken (Artikel 89 Absatz 1 erfolgt). Allerdings musst Du die Verarbeitung weiterhin hinnehmen, wenn diese zur Erfüllung einer im öffentlichen Interesse liegenden Aufgabe erforderlich ist (Journalismus, allgemeine Gesundheitsvorsorge, innere Sicherheit etc.).

Artikel 22 Automatisierte Entscheidungen im Einzelfall einschließlich Profiling

(1) Wenn die Verarbeitung Deiner persönlichen Daten vom Verantwortlichen in einer Art und Weise erfolgt, dass diese Verarbeitung rechtliche Konsequenzen nach sich zieht (z.B. wenn der Verantwortliche die Schufa ist, aufgrund deren Daten Du einen Bankkredit nicht erhältst), dann hast Du das Recht, dass diese Verarbeitung nicht ausschließlich automatisiert erfolgen darf. Es

muss also eine nichtautomatisierte Einzelfall-Prüfung existieren.

(2) Der vorstehende Absatz (1) gilt allerdings nicht, wenn:

    a) Diese automatisierte Verarbeitung die Grundlage für einen Vertrag zwischen Dir und dem Verantwortlichen darstellt.

    b) Die Gesetze der EU oder Deines Staates diese vollautomatisierte Verarbeitung für rechtmäßig erklärt haben.

    c) Du ausdrücklich Deine Einwilligung zur vollautomatisierten Verarbeitung gegeben hast.

Gegen die Schufa wird dieser Absatz wohl nichts ausrichten können, dass es im berechtigten Interesse der eines Lieferanten liegen kann, Deine Kreditwürdigkeit automatisch zu überprüfen und Du dem automatisierten Prozess im Vertrag mit diesem Lieferanten zugestimmt hast.

(3) Im Falle der vorgenannten Buschstaben a) und c) des Absatz 2, d.h., Du hast eingewilligt, muss der Verantwortliche dafür sorgen, dass Deine Rechte und Freiheiten gewahrt bleiben. Konkret bedeutet dies in diesem Fall, z.B. dass seitens des Verantwortlichen eine Person eingreift, Du Deinen Standpunkt darlegen und die automatisiert getroffene Entscheidung anfechten kannst.

(4) Solche automatisierten Entscheidungen dürfen sich keinesfalls auf die in Absatz 2 genannten sensiblen personenbezogenen Daten wie Religionszugehörigkeit oder sexuelle Präferenz beziehen, es sei denn, du hast eine entsprechende explizite Einwilligung gegeben oder die Verarbeitung ist durch EU- oder nationale Gesetze gedeckt.

Abschnitt 5 Beschränkungen

Wie schon vielfach erwähnt, setzt das nationale oder das EU-Recht Deinem Recht auf Schutz Deiner persönlichen Daten Grenzen.

Der folgende Artikel, der denselben Namen wie dieser Abschnitt hat, geht in vollem Umfang auf die möglichen Beschränkungen Deiner

Rechte ein.

Artikel 23   Beschränkungen

(1) Die DSGVO enthält Öffnungsklauseln die es auf der Basis des nationalen Rechtes des Staates, in dem Du lebst oder des EU-Rechts erlauben, Deine Rechte und die Pflichten von Verantwortlichen einzuschränken. Gründe hierfür können sein:

a) Die nationale Sicherheit

b) Die Landesverteidigung

c) Die öffentliche Sicherheit

d) Die Verhütung, Ermittlung, Aufdeckung oder Verfolgung von Straftaten oder die Strafvollstreckung, einschließlich des Schutzes vor und der Abwehr von Gefahren für die öffentliche Sicherheit

e) Weitere wichtiger Ziele des allgemeinen öffentlichen Interesses, etwa im Währungs-, Haushalts- und Steuerbereich sowie im Bereich der öffentlichen Gesundheit und der sozialen Sicherheit

f) Der Schutz der Unabhängigkeit der Justiz

g) Der Schutz der geschützten Berufsstände wie z.B. Ärzte, Architekten und Juristen bzw. der Verfolgung der Verletzungen deren Regeln.

h) Die Sicherung der öffentlichen (Polizei-)Gewalt bzw. ihrer Kontroll-, Überwachungs- und Ordnungsfunktionen

i) Der Schutz der Rechte und Pflichten anderer Personen als Du selbst.

j) Die Durchsetzung zivilrechtlicher Ansprüche, also Verteidigung und Verfolgung von Prozessen vor Gericht

(2) Gesetzte, die von den Öffnungsklauseln der DSGVO Gebrauch machen, müssen auf einen oder mehrere der folgenden Punkte

Bezug nehmen.

a) Die Zwecke der Verarbeitung oder die Verarbeitungskategorien

b) Die Kategorien personenbezogener Daten

c) en Umfang der vorgenommenen Beschränkungen

d) Die Garantien gegen die Verletzung des Schutzes Deiner persönlichen Daten

e) Angaben zu dem betroffenen Verantwortlichen oder den Kategorien der betroffenen Verantwortlichen

f) Speicherfristen Garantien, abhängig von Umfang und Zwecken der Verarbeitung oder der Verarbeitungskategorien (Welche Arten Deiner persönlichen Daten werden verarbeitet)

g) Die Risiken für Deine Rechte und Freiheiten sowie die weiterer betroffener Personen.

h) Dein Recht und das anderer betroffener Personen auf Benachrichtigung über die Beschränkung. Allerdings findet diese Benachrichtigung nur statt, sofern diese dem Zweck der Beschränkung abträglich ist – wenn es also geheimdienstliche Gründe gibt.

Kapitel IV Verantwortlicher *und* Auftragsverarbeiter

Abschnitt 1   Allgemeine Pflichten

Artikel 24   Verantwortung des für die Verarbeitung *Verantwortliche*n

(1) Die Beweislast, dass der Verantwortliche Deine Daten nach den Vorschriften der DSGVO verarbeitet, liegt beim Verantwortlichen. Diese Maßnahmen müssen dem Zweck der Verarbeitung und den

daraus für Dich entstehenden Risiken angemessen sein. Außerdem müssen diese Maßnahmen ggf. überprüft und aktualisiert werden.

(2) Überflüssig zu erwähnen, dass der Verantwortliche die in Absatz 1 erwähnten Maßnahmen ergreifen muss, sofern dieser in einem angemessenen Verhältnis zu den Verarbeitungstätigkeiten Deiner persönlichen Daten stehen.

(3) Die Einhaltung von genehmigten Verhaltensregeln auf Organisationsebene (Compliance-Regeln) oder Verbandsregeln für Mitglieder (z.B. Versicherungen) können ein Anhaltspunkt (nicht Nachweise) sein, dass sich ein Verantwortlicher Deine persönlichen Daten gemäß der DSGVO verarbeitet (siehe Artikel 40).

Weiterhin kann ein eines genehmigten Zertifizierungsverfahren für die Einhaltung der DSGVO (siehe Artikel 42) als Gesichtspunkt (nicht Nachweis) herangezogen werden, um die Erfüllung der Pflichten des Verantwortlichen nachzuweisen.

Artikel 25 Datenschutz durch Technikgestaltung und durch datenschutzfreundliche Voreinstellungen

Im Gegensatz zu den bisher beschriebenen Pflichten denen Verantwortliche unterliegen, widmet sich dieser Artikel Leitlinien für die technologische Umsetzung der in der DSGVO verankerten Richtlinien.

(1) Der Verantwortliche muss „geeignete", d.h. anerkannte und funktionierende organisatorische und technologische Maßnahmen, auch „TOM" genannt, zur Sicherung der Integrität Deiner Daten durchführen. Bespiel für derartige Maßnahmen sind neben Verschlüsselung oder Pseudonymisierung auch die Absicherung von Systemen, die Deine persönlichen Daten verarbeiten mittels Firewalls. Daneben gilt auch weiterhin der Grundsatz der „Datenminimierung" (*„sammle und verarbeite nur, was Du auch wirklich benötigst"*)

> *Betreibst Du z.B. einen Blog auf einer Hosting-Plattform, solltest Du dir die TOM vom Hoster nennen lassen, wenn der Hoster es nicht angesichts der DSGVO von selbst tut.*

(2) Der Verantwortliche muss ebenfalls durch technische Maßnahmen sicherstellen, dass nur für den jeweiligen Zweck benötigte Daten verarbeitet werden. Wenn also Verantwortlicher A dem Verantwortlichen B einen Datensatz von Dir („Record") zukommen lässt (nachdem Du natürlich vorher zugestimmt hast), darf sich B nur die für seine Zwecke erforderlichen Daten zu Deiner Person herausfiltern.

(3) Wenn der Verantwortliche nach einem genehmigtes Zertifizierungsverfahren (Artikel 42) zertifiziert ist und dessen Verhaltensregeln einhält, deutet dies darauf hin, dass er den Anforderungen dieses Artikels genügt.

Artikel 26 Gemeinsam für die Verarbeitung *Verantwortliche*

Bisher wurde in der DSGVO immer von der Aufteilung in „Verantwortliche" und „Auftragsverarbeiter" ausgegangen: Der Auftragsverarbeiter unterliegt genauso der DSGVO wie der Verantwortliche, arbeitet aber im Namen des Verantwortlichen, sodass dieser sich niemals aus der Verantwortung ziehen kann, wenn der Auftragsverarbeiter Deine persönlichen Daten nicht DSGVO-Gemäß verarbeitet. Leider lassen sich die Verantwortungsbereiche nicht immer so schön einfach voneinander abgrenzen.

(1) Einigen sich zwei oder mehr Verantwortliche gemeinsam auf Sinn, Zweck und Methoden/Technologien, so sind beide gemeinsam Dir gegenüber für die Integrität Deiner Daten verantwortlich.

Damit klar ist wer dich im Falle eines Falles wie entschädigen muss, müssen die Verantwortlichen in einer Vereinbarung darlegen, wer von den beiden welche aus der DSGVO hervorgehenden Pflichten übernimmt und wer den Informationspflichten (Artikel 13 und 14) Dir gegenüber nachkommt und wer für Deine Rechte geradesteht. Dazu gehört auch z.B. die Einrichtung einer Beschwerdestelle.

Allerdings kann es hier weiter nationale oder EU-Gesetze geben, die entsprechende Festlegungen treffen.

(2) Die Vereinbarung muss so klar und nachvollziehbar sein, dass Die hieraus keine Nachteile entstehen können – und es müssen Dir die wesentlichen für Dich maßgeblichen Bestandteile mitgeteilt werden, sodass Du jederzeit Deine in der DSGVO verbrieften Rechte gegenüber einem oder beiden gemeinsam Verantwortlichen geltend machen kannst.

(3) Ungeachtet der Vereinbarung kannst Du auch jederzeit Deine Rechte gegenüber jedem einzelnen der Verantwortlichen geltend machen. D.h. dass gemeinsam Verantwortliche auch gemeinschaftlich im Sinne der DSGVO haftbar sind ähnlich wie die Mitglieder einer Gemeinschaft bürgerlichen Rechts auch gemeinsam haftbar gemacht werden können.

Artikel 27 Vertreter von nicht in der Union niedergelassenen *Verantwortliche*n oder Auftragsverarbeitern

(1) Wie in Artikel 3, Absatz 1, beschrieben, unterliegen auch Verantwortliche mit Sitz außerhalb der EU, die Deine Daten komplett außerhalb der EU verarbeiten dem DSGVO. Solche Verantwortliche müssen Dir in jedem Fall einen Vertreter in der EU benennen.

(2) Ein Vertreter muss Dir gegenüber allerdings dann nicht benannt werden, wenn folgendes zutrifft:

a) Die Verarbeitung Deiner Daten findet nicht oder nur „gelegentlich" in Bezug mit besonders sensible Daten statt. Sensible Daten sind Religion, Ethnie (Artikel 9, Abs. 1) oder Daten über strafrechtliche Ermittlungen.

b) Wenn der Verantwortliche / Auftragsverarbeiter eine Behörde oder

„öffentliche Stelle" ist.

(3) Der Vertreter eines Verantwortlichen muss in der EU in dem Land niedergelassen sein, in denen Deine persönlichen Daten in Zusammenhang verarbeitet werden.

(4) Der Vertreter muss den Verantwortlichen oder Auftragsverarbeiter in allen Belangen vertreten – in Bezug auf sämtliche Deiner Fragen oder Fragen der Aufsichtsbehörde Deines Landes.

(5) Die Benennung deines Vertreters schützt den Verantwortlichen / Auftragsvertreter nicht vor rechtlichen Schritte durch Dich.

Artikel 28   Auftragsverarbeiter

(1) Ein Verantwortlicher, der Deine persönlichen Daten durch einen oder mehrere Auftragsverarbeiter verarbeiten lässt, muss sicherstellen, dass alle diese Auftragsverarbeiter hinreichende Garantien dafür bieten, dass sie Deine Daten DSGVO-Konform verarbeiten. Es ist also eine schlechte Strategie, sich als Verantwortlicher einfach nur den billigsten Auftragsverarbeiter auszusuchen, bei dem eigentlich von Anfang an klar ist, dass dieser der Aufgabe der DSG-konformen Datenverarbeitung nicht gewachsen sein kann. In einem solchen Fall würde den Verantwortlichen immer eine Mitschuld treffen, wenn der Auftragsverarbeiter Deine Daten nicht DSGVO-konform verarbeitet.

(2) Ein Auftragsverarbeiter, der Deine Daten für einen Verantwortlichen verarbeitet, darf nicht „einfach so" Aufträge von weiteren Verantwortlichen annehmen. Der Auftragsverarbeiter muss hierfür eine Schriftliche Genehmigung des Verantwortlichen einholen und den Verantwortlichen auch dann über alle weiteren Auftraggeber zur Verarbeitung persönliche Daten zu informieren.

(3) Der Vertrag zwischen Verantwortlichem und Auftragsverarbeiter muss den Gegenstand, Dauer, Art & Zweck der Verarbeitung die

Art/Kategorien und die betroffenen Personen der persönlichen Daten sowie die Pflichte und Rechte des Verantwortlichen festhalten. Es muss weiterhin festgehalten werden:

a) Auf welche Art und Weise der Auftragsverarbeiter Deine Daten verarbeitet, z.B. im Hinblick auf den Transfer der Daten in ein Drittland oder an eine internationale Organisation.

b) Dass sich alle an der Verarbeitung Deiner Daten beteiligten Personen zur Vertraulichkeit verpflichtet haben oder einer gesetzlichen Schweigepflicht unterliegen.

c) Alle zur sicheren Verarbeitung Deiner Daten erforderlichen Maßnahmen ergreift (siehe Artikel 32)

d) Dass die in den Absätzen (2) und (4) genannten Bedingungen für die die Inanspruchnahme von mehr als zwei Auftragsverarbeiter eingehalten werden.

e) Dass der Auftragsverarbeiter den Verantwortlichen in allen Belangen unterstützt, damit dieser Deinen Rechten entsprechend Deine persönlichen Daten verarbeiten kann.

f) Ebenso muss der Auftragsverarbeiter den Verantwortlichen in allen die Sicherheit Deiner Daten betreffenden Belange (Artikel 32 bis 36) unterstütz.

g) Nach Abschluss der Verarbeitung durch den Auftragsverarbeiter muss der Auftragsverarbeiter Deine Daten löschen oder an den Verantwortlichen zurückgeben – sofern die rechtliche Grundlage (EU- oder nationales Recht) keine weitere Speicherung der Daten vorschreibt.

h) Der Auftragsverarbeiter hat dem Verantwortlichen nachgewiesen, dass er DSGVO-Konform allen Pflichten zur (ggf. auch Inspektionen) nachgekommen ist. Auch muss der Auftragsverarbeiter den Verantwortlichen unverzüglich informieren, wenn er der Meinung ist, dass eine Weisung des Verantwortlichen gegen die DSGVO verstößt.

(4) Nimmt der Auftragsverarbeiter die Dienste eines weiteren Auftragsverarbeiters in Anspruch, so gestaltet sich dieses Vertragsverhältnis ähnlich wie das zwischen Verantwortlichen und ersten Auftragsverarbeiter. So haftet ggf. der erste Auftragsverarbeiter gegenüber dem Verantwortlichen für die Nichteinhaltung der DSGVO.

(5) Die Einhaltung genehmigter Verhaltensregeln (Firmeninterne Compliance-Regeln, Artikel 40) oder eines genehmigten Zertifizierungsverfahrens (Artikel 42) durch einen Auftragsverarbeiter kann darauf hindeuten, dass die Verarbeitung Deiner Daten der Absätze 1 und 4 dieses Artikels erfolgt.

(6) Neben einem individuell ausgehandelten Vertrag zwischen dem Verantwortlichen und dem Auftragsverarbeiter können auch durch die Kommission in Zukunft festgelegte Standardvertragsklauseln wirksam sein. (siehe folgende Absätze 7 und 8) dieses Artikels.

(7) Die Kommission kann entsprechende Standardvertragsklauseln zur Regelung des Verhältnisses zwischen Verantwortlichem und Auftragsverarbeiter festlegen.

(8) Eine Aufsichtsbehörde kann über die Zusammenarbeit mit anderen Aufsichtsbehörden (Artikel 63) Standardvertragsklauseln zur Regelung des Verhältnisses zwischen Verantwortlichem und Auftragsverarbeiter festlegen

(9) Der Vertrag zwischen Verantwortlichen und Auftragsverarbeiter muss schriftlich abgefasst werden.

(10) Ein Auftragsverarbeiter, der gegen die DSGVO verstößt und dabei eigene Verarbeitungstechniken einsetzt, wird zum Verantwortlichen.

Artikel 29 Verarbeitung unter der Aufsicht des *Verantwortlichen* oder des Auftragsverarbeiters

Der Auftragsverarbeiter und sämtliche in dessen Namen handelnde

Personen dürfen Deine Daten ausschließlich auf Weisung des Verantwortlichen verarbeiten. Eine Ausnahme besteht, wenn EU-Recht oder nationales Recht eine solche Verarbeitung erfordert.

Eigentlich versteht sich das aus allem zuvor gesagten von selbst – trotzdem ist diesem Umstand ein eigener Artikel innerhalb der DSGVO gewidmet.

Artikel 30   Verzeichnis von Verarbeitungstätigkeiten

a) Jeder Verantwortliche bzw. sein Vertreter muss eine Liste („Verzeichnis") seiner Verarbeitungstätigkeiten für personenbezogene Daten („Prozesse") führen. Alle Prozesse, die persönliche Daten verarbeiten müssen hier aufgeführt sein. Dieses Verzeichnis muss die folgenden Informationen enthalten:

b) Namen / Kontaktdaten des Verantwortlichen und des Vertreters

c) Zweck der Verarbeitung

d) Beschreibungen der Kategorien betroffener Personen und ihrer Daten

e) Kategorien derjenigen Personen/Firmen, denen Deine Daten offengelegt werden, speziell wenn diese sich außerhalb der EU in Drittländern befinden

f) Ggf. die Übermittlungen von personenbezogenen Daten an ein Drittland oder an eine internationale Organisation, einschließlich der Angabe des betreffenden Drittlands oder der betreffenden internationalen Organisation, sowie der Garantien seitens Drittland/Organisation, dass Deine Daten DSGVO-konform verarbeitet werden (siehe Artikel 49 Absatz 1 Unterabsatz 2)

g) Die Löschungsfristen für die verschiedenen verarbeiteten Datenkategorien – wenn möglich, denn nicht für Daten aller Datenkategorien, die sich in Verarbeitung befinden lässt sich sagen, ab wann diese gelöscht werden können.

h) Wenn möglich, eine allgemeine Beschreibung der technischen und organisatorischen Maßnahmen zum Schutz Deiner persönlichen Daten (siehe auch Artikel 32 Absatz 1).

Solltest Du selbst eine Webseite bei einem Webhosters betreiben, solltest Du Dir eine Auflistung der technischen und organisatorischen Maßnahmen (TOM) aushändigen lassen. Selbst wenn Die nicht zur Führung eines Verzeichnisses verpflichtet bist, solltest Du Dir über die Deinen Web-Auftritt betreffenden TOM im Klaren sein.

(2) Jeder Auftragsverarbeiter muss ebenso wie der Verantwortliche ein Verzeichnis führen, dass alle Kategorien von im Auftrag des Verantwortlichen verarbeiteten Daten enthält.

a) Namen und Kontaktdaten des Auftragsverarbeiters und aller Verantwortlichen, für dieser Tätig ist.

b) Beschreibungen der Kategorien betroffener Personen und ihrer Daten

c) Gegebenenfalls Übermittlungen von personenbezogenen Daten an ein Drittland oder an eine internationale Organisation, einschließlich der Angabe des betreffenden Drittlands oder der betreffenden internationalen Organisation, sowie bei den in Artikel 49 Absatz 1 Unterabsatz 2 genannten Datenübermittlungen die Dokumentierung geeigneter Garantien

(3) Wenn möglich, eine allgemeine Beschreibung der technischen und organisatorischen Maßnahmen zum Schutz Deiner persönlichen Daten (siehe auch Artikel 32 Absatz 1).

(4) Verantwortlicher/Auftragsverarbeiter müssen das Verzeichnis schriftlich führen - auch in einem elektronischen Format.

(5) Verantwortlicher/Auftragsverarbeiter müssen das Verzeichnis auf Anfrage zur Verfügung stellen.

> *Es ist wichtig zu wissen, dass Du als Verantwortlicher / Auftragsverarbeiter das Verzeichnis nicht jedem aushändigen musst. Generell sind es Aufsichtsbehörden und Gerichte, denen Du Einblick in ein zu führendes Arbeitsverzeichnis geben musst.*

(6) Die Pflichten bzgl. des Führens der genannten Verzeichnisse treffen nur für Verantwortliche ab einer Beschäftigtenzahl von 250 Personen – es sei denn, Deine Daten, die der Verantwortliche / Auftragsverarbeiter verarbeitet sind so sensibel, dass deren Missbrauch eine Gefahr für Deine Rechte und Freiheiten darstellen könnte, z.B. Informationen über Deine sexuelle Orientierung, also

besonders sensible Daten wie unter Artikel 9 aufgeführt oder strafrechtliche Informationen (Artikel 10). Aber auch hiervon gibt es mal wieder eine Ausnahme, wenn der Verantwortliche Auftragsverarbeiter Daten wie die Deinen nur gelegentlich verarbeitet.

> Was „gelegentlich" bedeutet, ist für nicht-Juristen nicht immer ersichtlich. Meine eigene „Faustformel" für gelegentlich ist:
>
>> So selten, dass die Prozesse zur Verarbeitung der jeweiligen persönlichen Daten zum Zeitpunkt der Verarbeitung noch gar nicht bekannt sein können.
>
> Also, sobald eine Verarbeitung ein zweites Mal stattfindet, muss sie spätestens im Verzeichnis aufgeführt werden.

Artikel 31   Zusammenarbeit mit der Aufsichtsbehörde

Verantwortlicher und Auftragsverarbeiter sind verpflichtet, auf Anfrage mit der Aufsichtsbehörde zusammenzuarbeiten.

Abschnitt 2   Sicherheit personenbezogener Daten

Dieser Abschnitt definiert, was die DSGVO unter „Sicherheit" im Hinblick auf Deine persönlichen Daten versteht.

Artikel 32   Sicherheit der Verarbeitung

(1) Verantwortliche und Auftragsverarbeiter müssen angemessene technische Maßnahmen treffen, um die Integrität Deiner Daten sicherzustellen. Art und Umfang der Maßnahmen bzw. das anzustrebende Schutzniveau richtet sich nach den Faktoren:

- Kosten
- Umständen und Zweck der Verbreitung
- Risiken für die Integrität Deiner Daten
- Risiken für Dein Recht und Deine Freiheiten bei Verletzung der Integrität Deiner Daten.

- Eintrittswahrscheinlichkeit der Risiken

Maßnahmen zur Gewährleistung der Sicherheit Deiner Daten können die Folgenden sein:

a) Pseudonymisierung und Verschlüsselung Deiner Daten

b) Die Fähigkeit des Verantwortliche / Auftragsverarbeiters, die Vertraulichkeit, Integrität und Verfügbarkeit aller Deine Daten verarbeitenden Systeme sicherzustellen.

c) Die Fähigkeit der Wiederherstellung Deiner Daten, sollte deren Integrität dann doch einmal bei einem technischen Zwischenfall (z.B. Hackerangriff) oder physikalischem Ereignis (Systemausfall) Schaden genommen haben.

d) Verfahren und Prozesse zur regelmäßigen Überprüfung und Gewährleistung der Sicherheit der Verarbeitung Deiner Daten.

(2) Bei der Beurteilung eines angemessenen Schutzniveaus müssen Verantwortliche und Auftragsverarbeiter die Risiken in Betracht ziehen, der Deine Daten bei der Verarbeitung ausgesetzt sind. Insbesondre sind dies Risiken in Bezug auf Vernichtung, Verlust, Veränderung oder unrechtmäßige Offenlegung Deiner Daten.

(3) Die Einhaltung genehmigter Verhaltensregeln (Firmen-Interne Compliance-Regeln, Artikel 40) oder die Einhaltung der Regeln einer DSGVO-Zertifizierung (Artikel 42) können dabei helfen, die Einhaltung dieses Artikels nachzuweisen.

(4) Verantwortlicher und Auftragsverarbeiter müssen sicherstellen, dass die für sie im Auftrag handelnde Personen (Mitarbeiter, Subunternehmer etc.), die Zugang zu Deinen Daten haben, nur auf Anweisung des Verantwortliche mit Deine Daten umgehen – außer sie sind durch EU- oder nationalem Recht zu weiteren Maßnahmen verpflichtet.

Artikel 33 Meldung von Verletzungen des Schutzes personenbezogener Daten an die Aufsichtsbehörde

(1) Sollte die Integrität Deiner Daten verletzt worden sein, muss dies der Verantwortliche unverzüglich, spätestens aber innerhalb von 72 Stunden der Aufsichtsbehörde mitteilen. Dabei sagt die DSGVO nichts darüber aus, ob sich die 72 Stunden auf die Zeit ab Entdeckung der Schutzverletzung beziehen oder ob sich die 72 Stunden auf den tatsächlichen Zeitpunkt der Integritätsverletzung beziehen. Bei einer Verzögerung über 72 Stunden hinaus muss der Verantwortliche dies begründen. Die 72 Stunden sind dann nicht verpflichtend für den Verantwortlichen, wenn die Verletzung der Datenintegrität voraussichtlich keinerlei Risiko für Deine Rechte und Freiheiten darstellt.

(2) Für einen Auftragsverarbeiter gilt ähnliches, nur dass dieser den Verantwortlichen und nicht die Aufsichtsbehörde informiert – ebenso unverzüglich und spätestens binnen 72 Stunden.

(3) Eine derartige Meldung über eine Schutzverletzung Deiner Daten enthält mindestens die folgenden Informationen:

a) Die Beschreibung der Art der Schutzverletzung und der betroffenen Kategorien der Daten nebst Anzahl womöglich betroffener Personen.
b) Namen und Kontaktdaten des Datenschutzbeauftragten
c) Beschreibung der wahrscheinlichen Folgen der Schutzverletzung Deiner Daten.
d) Beschreibung der vom Verantwortlichen getroffenen oder noch zu treffenden Maßnahmen zur
   - Behebung der Schutzverletzung
   - Abmilderung der für Dich resultierenden Folgen aus der Schutzverletzung.

(4) Es kann ausreichen, dass der Verantwortliche die Informationen nicht alle sofort bei Meldung der Schutzverletzung bereitstellt, sondern schrittweise nachreicht.

Im Extremfall wird die Schutzverletzung zunächst nur gemeldet – und sich dann mit der Zur-Verfügungstellung von Informationen weiter Zeit gelassen, ohne dass überhaupt etwas passiert, wenn Du nicht nachhakst.

(5) Alle Schutzverletzungen, deren Konsequenzen für Dich und die ergriffenen Abwehrmaßnahmen müssen dokumentiert und auf Nachfrage der Aufsichtsbehörde zur Überprüfung vorgelegt werden können.

Artikel 34   Benachrichtigung der von einer Verletzung des Schutzes personenbezogener Daten betroffenen Person

(1) Bis jetzt wurde im Hinblick auf Benachrichtigungen nur auf Benachrichtigungen an die Aufsichtsbehörde gesprochen. In diesem Artikel geht es um Situationen, in denen Du benachrichtigt werden musst.

(2) Der Verantwortliche muss Dich direkt und unverzüglich benachrichtigen, wenn durch eine Schutzverletzung Deiner Daten voraussichtlich ein hohes Risiko für Deine persönliche Rechte bestehen <u>könnte</u>.

Eine solche Benachrichtigung an Dich muss in klarer und verständlicher Sprache abgefasst sein und enthält mindestens die in Artikel 33 Absatz 3 Buchstaben b, c und d genannten Informationen

(3) Allerdings ist eine Benachrichtigung an Dich nicht erforderlich, wenn folgendes zutrifft:

a) Deine persönlichen Daten sind durch technische Maßnahmen, z.B. einer Verschlüsselung, unterworfen, die die Daten für die nichtautorisierte Seite Wertlos machen.

b) Der Verantwortliche hat mit entsprechenden Maßnahmen dafür gesorgt, dass trotz Schutzverletzung Deine Rechte und Freiheiten gemäß Absatz 1 der DSGVO nicht beeinträchtigt werden.

> *Z.B. durch entsprechende technische und organisatorische Maßnahmen, die Dir auch dargelegt werden.*

c) Deine direkte Benachrichtigung wäre mit einem für den Verantwortlichen unverhältnismäßig hohen Aufwand verbunden. In einem solchen Falle ist anstelle Deiner direkten Benachrichtigung auch eine öffentliche Bekanntmachung o.ä. zulässig, durch die betroffenen Personen vergleichbar wirksam informiert werden.

(4) Wenn der Verantwortliche Dich noch nicht über die Schutzverletzung Deiner Nachricht informiert hat, kann die Aufsichtsbehörde verlangen, dass er dieses nachholt. Umgekehrt kann die Aufsichtsbehörde auch entscheiden, dass eine Benachrichtigung nicht notwendig ist. Dieser Absatz bedeutet also nur, dass die Aufsichtsbehörde das letzte Wort in Fragen deiner Benachrichtigung haben kann.

> *Hier ergibt sich ein erheblicher Spielraum für die Umsetzung der DSGVO. Für EU-Staaten mit hoher Korruption gehe ich davon aus, dass Benachrichtigungen nur in den seltensten Fällen ausgesprochen werden.*

Abschnitt 3 Datenschutz-Folgenabschätzung und vorherige Konsultation

Artikel 35   Datenschutz-Folgenabschätzung

(1) Die Datenschutz-Folgenabschätzung bezieht sich auf die Feststellung der möglichen Folgen, die die Einführung einer neuen Technologie oder eines neuen Systems für die Sicherheit Deiner Daten haben kann. Eine solche Abschätzung der Folgen muss bei jeder Einführung

einer neuen Technologie oder eines neuen Systems durchgeführt werden. Werden mehrere ähnliche Prozesse oder Verarbeitungsvorgänge eingeführt, kann eine einzige Folgenabschätzung vorgenommen werden.

(2) Sofern vorhanden, berät der Datenschutzbeauftragte den Verantwortlichen hinsichtlich der Datenschutz-Folgenabschätzung

(3) Insbesondere die im Folgenden aufgeführten Fälle machen eine Datenschutz-Folgenabschätzung erforderlich:

a) Wenn die Verarbeitung Deiner Daten Deine persönlichen Lebensumstände automatisiert bewertet (Profiling) und diese Bewertung die Grundlage für Entscheidungen mit rechtlicher Auswirkung hat (z.B. Scoring Deiner Kreditwürdigkeit).

b) Wenn Kategorien besonders sensibler Daten wie z.B. Deine genetische Merkmale oder Deine sexuelle Orientierung (Artikel 9, Absatz 1) oder Daten über strafrechtliche Verurteilungen verarbeitet werden.

c) Im Falle einer systematischen Überwachung öffentlicher Bereiche, z.B. durch Videokameras.

(4) Diejenigen Verarbeitungsvorgänge, die eine Datenschutz-Folgenabschätzung erfordern, werden von der Aufsichtsbehörde definiert.

(5) Umgekehrt kann eine Aufsichtsbehörde auch eine Liste derjenigen Kategorien von Verarbeitungsvorgänge enthalten, die keiner Datenschutz-Folgenabschätzung bedürfen.

(6) Vor Festlegung der zuvor in den Absätzen 4 und 5 genannten Listen müssen sich die Aufsichtsbehörden Mitgliedsstaaten-übergreifend abstimmen, wenn die Listen Verarbeitungsvorgänge umfassen, dies sich auf mehrere Mitgliedsstaaten beziehen.

(7) Die Folgenabschätzung enthält folgende Bestandteile:

   a) Eine systematische Beschreibung der geplanten Verarbeitungsvorgänge

   b) Eine Bewertung, ob die Verarbeitung notwendig und verhältnismäßig ist

   c) Eine Bewertung der Risiken für Deine Rechte und Freiheiten (siehe Absatz 1)

   d) Abwehrmaßnahmen zur Bewältigung der Risiken, denen Deine persönlichen Daten ausgesetzt sind sowie die Sicherheitsvorkehrungen, die die Integrität Deiner Daten gewährleistet sein sollte.

(8) Bei der Folgenabschätzung müssen die genehmigten Verhaltensregeln von Organisationen (Compliance-Regeln) berücksichtigt werden.

Ggf. muss der Verantwortliche vor der Verarbeitung Deinen Standpunkt einholen. Natürlich muss dieser Standpunkt gegen berechtigte (gewerbliche) Interessen, das öffentliche Interesse oder die Sicherheit der Verarbeitungsvorgänge abgewogen werden.

Sollte die Rechtmäßigkeit einer Verarbeitung feststehen, müssen die

Absätze 1 bis 7 dieses Artikels nur angewendet werden, wenn in dem jeweiligen Mitgliedsstaat entsprechende Gesetze hierfür gelten.

Artikel 36   Vorherige Konsultation

(1) Wenn der Verantwortliche/Auftragsverarbeiter feststellt, dass die Datenschutz-Folgenabschätzung ein hohes Risiko für die angestrebte Art und Weise der Verarbeitung Deiner Daten hat – und der Verantwortliche auch nicht vorhat, dieses Risiko in irgendeiner Weise zu entschärfen, muss er die zuständige Aufsichtsbehörde darüber informieren („konsultieren").

> *Was genau und generell unter einem „hohen Risiko" zu verstehen ist, definiert die DSGVO nicht. Allerdings kann es, wie in Artikel 34 beschrieben, um ein hohes Risiko für Deine persönlichen Rechte und Freiheiten gehen.*

(2) Kommt die Aufsichtsbehörde zu dem Schluss, dass das Risiko, gemessen am Ergebnis der Datenschutz-Folgenabschätzung, zu hoch ist, oder der Verantwortliche das Risiko nicht korrekt eingeschätzt hat, teilt die Aufsichtsbehörde dies dem Verantwortlichen oder der Aufsichtsbehörde in Form von Empfehlungen innerhalb 8 Wochen mit.

(3) Im Rahmen einer solchen Konsultation stellt der Verantwortliche der Aufsichtsbehörde die folgenden Informationen zur Verfügung bzw. liefert Antworten auf die folgenden Fragen:

a) Die Zuständigkeiten der Verantwortlichen (bei gemeinsam Verantwortlichen) oder der beteiligten Auftragsverarbeitern und deren Zuständigkeiten

b) Der Zweck der Verarbeitung Deiner persönlichen Daten und die Mittel (z.B. Systeme, Verfahren) der beabsichtigten Verarbeitung

c) Die Maßnahmen zum Schutz Deiner Rechte und Freiheiten, die für die Verarbeitung Deiner Daten vorgesehen sind

d) Die Kontaktdaten des Datenschutzbeauftragten

e) die Datenschutz-Folgenabschätzung (Artikel 35)

f) Ggf. weiter von der Aufsichtsbehörde angeforderten Informationen

g) Ein EU-Staat muss seine Aufsichtsbehörde konsultieren, wenn ein Gesetz zur Verarbeitung Deiner persönlichen Daten geändert oder erlassen werden soll.

h) EU-Staaten können die Verantwortlichen zusätzlich verpflichten, sich jedes Mal an die Aufsichtsbehörde zu wenden, wenn es um im öffentlichen Interesse liegenden Aufgaben handelt. Die DSGVO nennt hier Zwecke der sozialen Sicherheit der öffentlichen Gesundheit.

Abschnitt 4   Datenschutzbeauftragter

Der Datenschutzbeauftragte nimmt eine reine Kontrollfunktion war. Er ist also beispielsweise nicht für die Ausarbeitung von innerbetrieblichen Richtlinien zur Umsetzung des DSGVO zuständig. Diese prinzipielle Fokussierung und Abgrenzung macht die Sache für kleine Unternehmen natürlich teurer, da sich neben dem Datenschutzbeauftragten auch noch weitere Personen intensiv mit der DSGVO-Materie beschäftigen müssen.

Artikel 37   Datenschutzbeauftragter

(1) Unter den folgenden Bedingungen muss ein Verantwortlicher und ggf. der Auftragsverarbeiter einen Datenschutzbeauftragten benennen:

a) Eine öffentliche Behörde oder eine andere öffentliche Stelle verarbeitet Deine persönlichen Daten. Eine Ausnahme gibt es -es muss also kein Datenschutzbeauftragter benannt werden- wenn Die Verarbeitung persönlicher Daten im Rahmen der Rechtstätigkeit stattfindet.

b) Für die Verarbeitung Deiner persönlichen Daten ist Deine umfangreiche regelmäßige und systematische Überwachung erforderlich. Also beispielsweise ein Arbeitgeber, der aus rechtmäßigen Gründen eine Video- oder Zugangsüberwachung installiert hat.

c) Es geht bei der Verarbeitung Deiner Daten um sensible Daten wie Deine Religionszugehörigkeit (Artikel 9) oder strafrechtlich relevante Informationen (Artikel 10).

(2) Unternehmensgruppen dürfen sich einen Datenschutzbeauftragten „teilen".

➔ Prinzipiell können sich auch kleine Unternehmen einen Datenschutzbeauftragten Teilen, wenn dieser pro Unternehmen nur stundenweise tätig ist.

(3) Behörden oder öffentliche Stellen, die als Verantwortlicher/Auftragsverarbeiter agieren, können „unter Berücksichtigung ihrer Organisationsstruktur" einen gemeinsamen Datenschutzbeauftragten benennen.

(4) Auch für Verbände, in denen Verantwortliche und Auftragsverarbeiter versammelt sind, können Datenschutzbeauftraget benennen, wenn EU- oder nationales Recht dies sowieso vorschreibt.

(5) Datenschutzbeauftragter kann nicht irgendjemand werden – er muss beruflich ausreichen qualifiziert sein, d.h. Fachwissen aus dem Bereich Datenschutz und Datenschutz-Praxis mitbringen. In Artikel 39 beschreibt die DSGVO genau die Aufgaben, denen ein Datenschutzbeauftragter gewachsen sein muss.

(6) Der Datenschutzbeauftragte kann sowohl angestellter des Verantwortlichen/Auftragsverarbeiters sein oder aber auf der Basis eines Dienstleistervertrages arbeiten.

Datenschutzbeauftragte über einen Dienstleistungsvertrag zu

> *beauftragen könnte eine Option für kleine Unternehmen sein, die einen Datenschutzbeauftragten nicht als Vollzeitkraft benötigen. Das ist z.B. der Fall, wenn in einem Unternehmen zwar weniger als 10 Mitarbeiter mit der Verarbeitung personenbezogener Daten befasst sind, das Unternehmen aber trotzdem zum Einsatz eines Datenschutzbeauftragten verpflichtet ist, weil sie äußerst sensible Daten sind verarbeiten.*

(7) Verantwortliche und Auftragsverarbeiter müssen die Kontaktdaten des Datenschutzbeauftragten veröffentlichen, damit Du ihn jederzeit kontaktieren kannst.

> *Natürlich agieren Angestellte und Dienstleister als Datenschutzbeauftragte niemals völlig unabhängig – in beiden Fällen werden sie vom Verantwortliche/Auftragsverarbeiter bezahlt. Allerdings dürfte es nicht zulässig sein, dass der Chef der IT (CIO) oder gar der Geschäftsführer (CEO) die Position des Datenschutzbeauftragten einnimmt.*

Artikel 38   Stellung des Datenschutzbeauftragten

Dieser Artikel soll sicherstellen, dass der Datenschutzbeauftragte seine Aufgaben auch durchführen kann und nicht so einfach kaltgestellt" werden, um keine unbequemen Fragen zu stellen.

(1) Verantwortlicher und Auftragsverarbeiter müssen sicherstellen, dass Der Datenschutzbeauftragte in alle Datenschutzrelevanten Fragen eingebunden ist.

(2) Der Verantwortliche und der Auftragsverarbeiter müssen den Datenschutzbeauftragten bei der Erfüllung seiner Aufgaben durch Verfügungstellung der erforderlichen Ressourcen und den Zugang zu personenbezogenen Daten und Verarbeitungsvorgängen sowie die zur Erhaltung seines Fachwissens erforderlichen Ressourcen unterstützen.

(3) Der Datenschutzbeauftragte muss diese Rolle ausführen können, ohne dass ihm sein Auftrag- oder Arbeitgeber Weisungen erteilt, wie

der Datenschutzbeauftraget vorgehen soll. Weiterhin dürfen dem Datenschutzbeauftragten keinerlei beruflichen Nachteile entstehen. Der Datenschutzbeauftragte berichtet direkt an die höchste Managementebene der Firma oder Behörde.

(4) Du kannst dem Datenschutzbeauftragten jede in Zusammenhang mit der Verarbeitung Deiner Daten stehenden Frage stellen – und eine kompetente Antwort erwarten.

(5) Datenschutzbeauftragte unterliegen der Wahrung Geheimhaltung und Vertraulichkeit und Geheimhaltung bzgl. ihrer Tätigkeit.

Interessant ist, was das für Datenschutzbeauftragte bedeutet, die als Whistleblower tätig sind.

(6) Neben seiner Tätigkeit als Datenschutzbeauftragter darf dieser auch noch andere Aufgaben übernehmen, solange diese zu keinem Interessenskonflikt führen.

Artikel 39   Aufgaben des Datenschutzbeauftragten

(1) Der Datenschutzbeauftragte hat die folgenden Aufgaben:

a) Der Datenschutzbeauftraget berät und unterrichtet seinen Auftrag- oder Arbeitgeber über deren Pflichten, die aus der DSGVO hervorgehen.

b) Überwachung der Einhaltung der DSGVO in seinem Verantwortungsbereich sowie:

- Die Strategien des Verantwortlichen/Auftragsverarbeiters bzgl. des Schutzes Deiner persönlichen Daten
- Sensibilisierung für und Schulung der Mitarbeiter, die an der Verarbeitung Deiner persönlichen Daten beteiligt sind.

c) Beratung, wenn gewünscht, in Zusammenhang mit der Datenschutz-Folgenabschätzung (Artikel 35).

d) Zusammenarbeit mit der Aufsichtsbehörde

e) Anlaufstelle für die Aufsichtsbehörde - also könnte man sagen, dass der Datenschutzbeauftragte den Verantwortlichen gegenüber der Aufsichtsbehörde vertritt. Z.B. bei der Konsultation (Artikel 36) der Aufsichtsbehörde.

(2) Der Datenschutzbeauftragte muss bei der Erfüllung seiner Aufgaben immer das Risiko für Deine persönlichen Daten beachten – und dieses Risiko gegenüber dem Aufwand und Zweck der Verarbeitung abwägen.

Abschnitt 5   Verhaltensregeln und Zertifizierung

Zentraler Punkt sind die Verhaltensregeln für die Unternehmen, die Deine persönlichen Daten verarbeiten.

Knackpunkt ist, dass zu einem Gesetz wie der DSGVO noch weitere Regeln hilfreich sind, die den betroffenen Firmen, Behörden und Personen Hilfestellung dabei bieten, wie sie sich DSGVO-konform verhalten können.

Artikel 40   Verhaltensregeln

(1) Alle für die DSGVO Verantwortliche (Staaten, Aufsichtsbehörden) werden neben der DSGVO noch weitere Verhaltensregeln ausarbeiten, die speziell kleinen und mittleren Unternehmen dabei helfen sollen, sich DSGVO-konform zu verhalten.

Wie man auch an diesem Absatz sieht, sind die Erleichterungen für kleine und mittlere Unternehmungen, die in der DSGVO thematisiert wird, nicht automatisch in der DSGVO eingebaut. Die DSGVO ermutigt vielmehr die Mitgliedstaaten, von den Öffnungsklauseln der DSGVO Gebrauch zu machen und entsprechende Gesetze zu erlassen, die den Bedürfnissen kleiner und mittlerer Unternehmen Rechnung tragen.

Weiterhin ist den verschiedenen Gerichten der Mitgliedstaaten überlassen, die Interessen kleiner und mittlerer Unternehmen zu bemessen. Dies stellt in Deutschland mit seiner föderalen

Struktur natürlich eine Herausforderung dar.

(2) Verbände und Vereinigungen, die Verantwortliche und Auftragsverarbeiter vertreten, können wiederum an die DSGVO angelehnte Verhaltensregeln für ihre Mitglieder ausarbeiten die folgenden Sachverhalte regeln:

a) Faire und transparente Verarbeitung Deiner persönlichen Daten bei allen Verbandsmitgliedern

b) Berechtigte Interessen der Verbandsmitglieder in Bezug auf die Verarbeitung Deiner persönlichen Daten

c) Erhebung personenbezogener Daten

d) Pseudonymisierung Deiner persönlichen Daten

e) Unterrichtung der Öffentlichkeit und speziell Deine Unterrichtung über Integritätsverletzungen personenbezogener Daten

f) Wie Du als betroffene Person Deine Rechte wahrnehmen kannst

g) Wie Kinder bzw. deren personenbezogene Daten geschützt werden und auf welche Weise die Einwilligung der Eltern und Erziehungsberechtigten eingeholt werde kann und muss.

h) Die Maßnahmen und Verfahren gemäß den Artikeln 24 und 25 und die Maßnahmen für die Sicherheit der Verarbeitung gemäß Artikel 32

i) Die Meldung von Verletzungen der Integrität Deiner Daten an Aufsichtsbehörden und die Benachrichtigung an Dich im Falle einer Verletzung Deiner Daten

j) Die Übermittlung Deiner persönlichen Daten an Drittländer oder internationale Organisationen

k) Die Art und Weise, wie außergerichtliche Verfahren und sonstige

Streitbeilegungsverfahren behandelt werden. Dies hat keinen Einfluss auf die Möglichkeiten zur Beschwerde bei Aufsichtsbehörden und der Möglichkeit zum Rechtsbehelf (Artikel 77 und 79)

Artikel 41   Überwachung der genehmigten Verhaltensregeln

(1) Die Überwachung der genehmigten Verhaltensregeln (Artikel 40, „Compliance-Regeln") einer Organisation geschieht im Regelfall durch die Aufsichtsbehörden (Artikel 57 und 58). Dies kann auch durch eine andere Stelle als eine Aufsichtsbehörde geschehen, so diese denn über das geeignete Fachwissen verfügt.

(2) Die o.g. Stelle kann von einer Aufsichtsbehörde dann für die Überwachung akkreditiert werden, wenn folgende Voraussetzungen erfüllt sind:

a) Die Stelle ist unabhängig und verfügt über das notwendige Fachwissen.

b) Es existieren festgelegte Verfahren, nach denen die Stelle Verantwortliche und Auftragsverarbeiter überwachen kann.

c) Verfahren und Strukturen festgelegt sind, nach denen Beschwerden über Verletzungen der Verhaltensregeln durch Verantwortliche und Auftragsverarbeiter verfolgt werden können.

d) Die Stelle muss der zuständigen Aufsichtsbehörde nachweisen, dass die ihr zugewiesen Aufgaben und Pflichten keinen Interessenskonflikt bei der Stelle auslösen.

(3) Die zuständige Aufsichtsbehörde teilt die Kriterien für die Akkreditierung als Entwurf der Kommission mit (Artikel 63)

(4) Identifiziert eine Stelle Verfehlungen eines Verantwortlichen oder Auftragsverarbeiters gegen die Verhaltensregeln, kann die Stelle entsprechende Maßnahmen zur Ahndung einleiten – bis zum

Ausschluss des Verantwortlichen oder Auftragsverarbeiters von den Verhaltensregeln. Die Stelle muss in solchen Fällen die Aufsichtsbehörde unterrichten – inklusive Begründung.

(5) Wenn die Voraussetzungen für die Akkreditierung einer Stelle nicht mehr erfüllt sind, widerruft die zuständige Aufsichtsbehörde die Akkreditierung.

(6) Dieser Artikel bezieht sich nicht auf die Verarbeitung Deiner Daten durch Behörden und öffentliche Stellen.

Artikel 42   Zertifizierung

(1) Alle für die Umsetzung der DSGVO verantwortlichen Organe und Institutionen (Staaten, Aufsichtsbehörden) sind verpflichtet, die Einführung von datenschutzspezifischen Zertifizierungsverfahren zu fördern. Dabei soll den besonderen Bedürfnissen von kleinen und mittelständischen Unternehmen Rechnung getragen werden.

(2) Derartige Zertifizierungsverfahren können auch von Verantwortlichen, die sich nicht im Geltungsbereich der EU befinden, abgelegt werden. Dies dient in solchen Fällen ebenso dem Nachweis ihrer DSGVO-konformität bei der Verarbeitung von personenbezogenen Daten aus der EU.

(3) Eine Zertifizierung nach DSGVO muss für Verantwortliche und Auftragsverarbeiter freiwillig und über ein „transparentes Verfahren" zugänglich sein. D.h. jeder Firma, die möchte, muss einen Zertifizierungsprozess durchlaufen können – und die dadurch entstehenden Kosten müssen angemessen sein.

> *Wenn man sich in Erinnerung ruft, dass kleine und mittlere Unternehmung dabei gefördert werden sollen, sich gemäß der DSGVO korrekt verhalten zu können.*

(4) Eine „DSGVO-Zertifizierung" mindert nicht die Verantwortung des Verantwortlichen oder des Auftragsverarbeiters für die Einhaltung

der DSGVO. Auch sind die Aufsichtsbehörden durch die Zertifizierung eines Verantwortlichen oder Auftragsverarbeiters immer noch voll an ihre Aufsichtspflichten (Artikel 55 und 56) gebunden.

(5) Eine Zertifizierung wird durch eine Zertifizierungsstelle (Artikel 43) oder eine Aufsichtsbehörde erteilt, die dabei die von ihr selbst (Artikel 53) oder der Kommission genehmigten Kriterien (Artikel 63) anwendet.

(6) Ein Verantwortlicher, der seine Verarbeitungsprozesse zertifizieren lassen möchte, stellt der Zertifizierungsstelle alle zur Zertifizierung notwendigen Informationen zur Verfügung und gewährt der Zertifizierungsstelle Zugang zu den Verarbeitungstätigkeiten.

(7) Eine Zertifizierung wird für die Dauer von Drei Jahren verliehen und kann für dieselbe Dauer verlängert werden, sofern die Voraussetzungen für die Zertifizierung weiterhin bestehen. Umgekehrt kann die Zertifizierungsstelle eine Zertifizierung auch widerrufen, wenn deren Voraussetzungen nicht mehr erfüllt sein sollten.

(8) Alle Zertifizierungsverfahren und Datenschutzsiegel werden in einem Register veröffentlicht.

Artikel 43 Zertifizierungsstellen

(1) Nicht jeder kann einfach so Zertifizierungsstelle „werden" Zertifizierungsstellen, sondern müssen von einer der folgenden Stellen akkreditiert werden:

a) Die Aufsichtsbehörde, wie in Artikel 55 oder 56 beschrieben

b) Der nationalen Akkreditierungsstelle.

(2) Ein solche Zertifizierungsstelle muss gewisse Anforderungen Zertifizierungsstellen nach Absatz 1 erfüllen:

Die DSGVO-Zertifizierungsstellen agieren ähnlich wie der TÜV für KFZ und technische Anlagen. Die Zertifizierung muss innerhalb festgelegter Zeitabstände (s.u.: 5 Jahre) wiederholt bzw. erneuert werden.

a) Unabhängigkeit (finanziell und personell) – insbesondere von den Firmen und Institutionen, die sich nach der DSGVO zertifizieren lassen.

b) Einhaltung der für die Zertifizierung gültigen Kriterien, (Siehe Artikel 42, Absatz 5)

c) Regelmäßige Zertifizierungen und Re-Zertifizierungen der Firmen und Institutionen. Die Firmen müssen also in definierten Abständen ihre Zertifizierung überprüfen und erneuerten lassen. Das kann viele beteiligten nur Recht sein. Bedeutet dies doch regelmäßige Einnahmen. Ggf. muss eine Zertifizierungsstelle auch die Aberkennung von Zertifikaten oder Prüfsiegeln, wenn Firmen gegen die DSGVO verstoßen.

d) Nachgehen von Verletzungen der Zertifizierung durch bereits zertifizierte Körperschaften. Hierzu muss die Zertifizierungsstelle eine Beschwerdestelle einrichten.

e) Nachweis, dass die Aufgaben der Zertifizierungsstelle nicht zu einem Interessenskonflikt führen.

(3) Die Akkreditierung von Zertifizierungsstellen geschieht nach den Kriterien der zuständigen Aufsichtsbehörde (Artikel 55 oder 56) oder nach den Kriterien der Kommission (Artikel 63).

(4) Die Zertifizierungsstelle handelt eigenverantwortlich hinsichtlich der An- und Aberkennung von Zertifikaten und Prüfsiegeln. Die Zertifizierungsstelle ist natürlich nicht für die Einhaltung der

Zertifizierungsvoraussetzungen durch Verantwortliche und Auftragsverarbeiter verantwortlich. Die Akkreditierung einer Zertifizierungsstelle wird für höchstens 5 Jahre erteilt.

(5) Die Zertifizierungsstelle muss jede erfolgreiche Zertifizierung und sowie jede Aberkennung einer Zertifizierung der Aufsichtsbehörde melden – inklusive Begründung

(6) Die Kriterien für die Akkreditierung müssen in leichtverständlicher Sprache veröffentlicht werden

(7) Die zuständige Aufsichtsbehörde oder die nationale Akkreditierungsstelle widerruft die Akkreditierung einer Zertifizierungsstelle, wenn die Voraussetzungen für die Akkreditierung nicht oder nicht mehr erfüllt sind oder wenn eine Zertifizierungsstelle Maßnahmen ergreift, die nicht mit dieser Verordnung vereinbar sind.

(8) Die Kommission kann die Anforderungen festlegen, die für die in genannten datenschutzspezifischen Zertifizierungsverfahren zu berücksichtigen sind (Artikel 42 Absatz 1).

(9) Die Kommission Bestimmungen erlassen (Artikel 93 Absatz 2), mit denen technische Standards für Zertifizierungsverfahren und Datenschutzsiegel/Prüfzeichen sowie Mechanismen zur Förderung und Anerkennung dieser Instrumente festgelegt werden.

Kapitel V Übermittlungen personenbezogener Daten an Drittländer oder an internationale Organisationen

Artikel 44 Allgemeine Grundsätze der Datenübermittlung

Wann immer ein Verantwortlicher Deine persönlichen Daten an ein Drittland (außerhalb der EU) oder an eine internationale Organisation übermittelt,

- Musst Du davor ausdrücklich Dein Einverständnis gegeben

haben.

- Muss dies nach den Vorgaben der DSGVO geschehen, wenn Deine Daten danach noch an weitere Drittländer und internationale Organisationen übermittelt werden sollen.

Artikel 45 Datenübermittlung auf der Grundlage eines Angemessenheitsbeschlusses

(1) Die EU kann einem Drittland bescheinigen, dass es ein „angemessenes" Schutzniveau bietet. Dann wird dieses Drittland bzgl. der DSGVO wie ein EU-Land behandelt und es ist keine explizite Einwilligung Deinerseits notwendig, damit ein Verantwortlicher Deine Daten dort verarbeiten (lassen) darf.

(2) Kriterien für die Angemessenheit des gebotenen Schutzniveaus:

a) Das Drittland muss Rechtsstaatlichkeit und Achtung der Menschenrechte gewährleisten sowie vergleichbare Datenschutz- und Rechtsverhältnisse aufweisen. Weiterhin ist eine unabhängige Justiz unabdingbar, um ein angemessenes Schutzniveau für Deine Daten gewährleisten zu können.

b) Es muss in einem Drittland eine abhängige Aufsichtsbehörde in Bezug auf Datenschutz geben, die die Durchsetzung der DSGVO überwacht. Im Fall einer internationalen Organisation muss diese von unabhängigen Aufsichtsbehörden kontrolliert werden.

c) Das Drittland / die internationale Organisation ist durch internationale Verträge und Abkommen bzw. durch die Mitgliedschaft in internationalen Organisationen eingebunden und an entsprechende Beschlüsse und Regeln in Bezug auf den Datenschutz gebunden.

(3) Wenn die EU bzw. die verantwortliche Kommission zu dem Schluss kommt, einem Drittland ein der EU entsprechende Angemessenheit des Schutzniveaus anzuerkennen, muss in regelmäßigen Abständen

auch überprüft werden, ob die Voraussetzungen hierfür noch gegeben sind. Ggf. kann die Zuerkennung der Angemessenheit des Schutzniveaus auch wieder aberkannt werden.

(4) Die Überwachung der Entwicklungen des Schutzniveaus in Drittländern und bei internationalen Organisationen werden durch die Kommission fortlaufend überwacht.

(5) Die Kommission kann die Bestimmungen die Anerkennung des Schutzniveaus in Drittstaaten ändern oder widerrufen. Dies kann sich auch auf den Teil (Sektor, Bereich) eines Drittlandes beziehen.

(6) Die Kommission nimmt im Regelfall vor einer Aberkennung der Angemessenheit des Schutzniveaus zuerst Kontakt mit dem Drittland bzw. der internationalen Kommission auf.

(7) Beschlüsse über Widerruf oder Änderung der Beschlüsse über angemessene Schutzniveaus berühren nicht die Übermittlungen personenbezogener Daten an das betreffende bei Existenz geeigneter Garantien (Artikel 46) oder interner Verhaltensregeln (Artikel 47) bzw. nicht zulässige Offenlegungen Deiner Daten (Artikel 48) oder generelle Ausnahmen (Artikel 49).

(8) Die Liste aller Drittländer (bzw. deren Teile oder Sektoren) und internationalen Organisationen, denen ein angemessenes Schutzniveau Deiner Daten hinsichtlich der DSGVO bescheinigt wurde, werden Veröffentlicht (Amtsblatt, Website der europäischen Union)

(9) Die bisher erlassenen Feststellungen bezüglich Drittländer und internationaler Organisationen, die auf der Grundlage der Richtlinie 95/46/EG getroffen wurden, bleiben so lange in Kraft, bis sie durch neue, auf der Basis dieses Artikels der DSGVO gefassten Beschlüsse, ersetzt werden.

Artikel 46 Datenübermittlung vorbehaltlich geeigneter Garantien

Dieser Artikel behandelt, unter welchen Bedingungen ein Verantwortlicher deine Daten an einen Auftragsverarbeiter in einem Drittland oder einer internationalen Organisation weitergeben darf, wenn diesem Drittland bzw. der internationalen Organisation kein angemessenes Schutzniveau bescheinigt wurde.

(1) Falls kein angemessenes Schutzniveau bescheinigt wurde, muss das der Auftragsverarbeiter Drittland bzw. die Organisation dem Verantwortlichen Garantien bieten, dass die persönlichen Daten auch DSGVO-gemäß verarbeitet werden. Aber das ist noch nicht alles: Dir als EU-Bürger müssen gegenüber dem Auftragsverarbeiter auch entsprechende Rechtsmittel oder sonstige Instrumente zur Verfügung stehen, um deine in der DSGVO festgelegten Rechte gegenüber dem Auftragsverarbeiter wahrnehmen zu können.

(2) Die erwähnten Garantien könnten wie folgt aussehen:

a) Rechtlich bindende Verträge zwischen den Behörden Deines und des Drittlandes, die ein entsprechendes Datenschutz-Niveau garantieren

b) verbindlichen internen Datenschutzvorschriften (Artikel 47)

c) Standarddatenschutzklauseln (Artikel 93)

d) Von einer Aufsichtsbehörde angenommene und von der Kommission genehmigten Standarddatenschutzklauseln

e) Entsprechende bzw. gleichwertige Zertifizierungen (Artikel 40)

f) Ein genehmigter Zertifizierungsmechanismus (Artikel 42), sofern rechtsverbindliche und durchsetzbare Verpflichtungen für die jeweiligen Verantwortlichen oder Auftragsverarbeiter in dem

Drittland existieren.

(3) Derartige Garantien müssen zunächst von der zuständigen Aufsichtsbehörde genehmigt werden. Solche „genehmigungsfähigen" Kriterien können sein:

a) Entsprechende Verträge oder Vertragsklauseln

b) Entsprechende Vereinbarungen zwischen den Behörden oder Staaten des EU-Staates und des Drittlandes.

(4) Die Aufsichtsbehörden koordinieren sich untereinander nach dem Kohärenzverfahren (Artikel 63) an, wenn Garantien genehmigt werden müssen.

(5) Bereits bestehende Richtlinien, die von einem Mitgliedstaat oder einer Aufsichtsbehörde auf der Grundlage Richtlinie 95/46/EG erteilt wurden so lange gültig, bis sie erforderlichenfalls von dieser Aufsichtsbehörde geändert, ersetzt oder aufgehoben werden. Ebenso bleiben von der Kommission auf der Grundlage der Richtlinie 95/46/EG erlassene Feststellungen bleiben so lange in Kraft, durch einen erneuten Beschluss geändert werden.

Artikel 47   Verbindliche interne Datenschutzvorschriften

Hier geht es um selbst auferlegte Regeln, oft auch „Compliance"-Regeln bezeichnet, die sich Firmen (Verantwortliche / Auftragsverarbeiter) auferlegen, um gesetzlichen Vorschriften (z.B. der DSGVO) genügen zu können. Derartige Regeln können eine willkommene Spielwiese für Hausjuristen, insbesondere großer Konzerne, darstellen. Diese treiben, so die Erfahrung des Autors, das Ganze teilweise bis zur Handlungsunfähigkeit einzelner Abteilungen und Bereiche der Firma.

(1) Die zuständige Aufsichtsbehörde genehmigt gemäß dem Kohärenzverfahren nach Artikel 63 verbindliche interne

Datenschutzvorschriften (im Folgenden kurz „*Vorschriften*" genannt), sofern die folgenden Voraussetzungen erfüllt sind:

a) Die Vorschriften sind bindend für die gesamte Organisation bzw. für alle Mitglieder einer Unternehmensgruppe, die eine gemeinsame Wirtschaftstätigkeit ausüben und deren Mitarbeiter, egal in welchem Land das einzelne Unternehmen angesiedelt ist. Dabei wird die Einschränkung

b) Die Vorschriften beinhalten für die die Personen durchsetzbare Rechte in Bezug auf die Verarbeitung deren persönlichen Daten in der Organisation.

c) Die Vorschriften erfüllen die im folgenden Absatz beschriebenen Anforderungen

(2) Die verbindlichen internen Datenschutzvorschriften müssen mindestens die folgenden Angaben enthalten:

a) Organisation der Unternehmensgruppe (Struktur- und Kontaktdaten) für jedes einzelne Mitglied.

b) Welche Deiner Daten werden wohin transferiert und zu welchem Zweck diese verarbeiteten werden. Welche Kategorien von Personen der Datenverarbeitung unterworfen sind.

c) Inwieweit diese Vorschriften rechtsverbindlich sind oder eben nicht.

d) Wie sich die in der DSGVO festgelegten Datenschutzgrundsätze in den Vorschriften Verwendung finden. (Zweckbindung, Datenminimierung, begrenzte Speicherfristen, Datenqualität, Datenschutz durch Technikgestaltung und durch datenschutzfreundliche Voreinstellungen, Rechtsgrundlage für die Verarbeitung, etc.)

e) Deine Rechte in Bezug darauf, dass rechtswirksame Entscheidungen in Bezug auf Deine Person nicht vollautomatisiert (siehe Artikel 22) getroffen werden dürfen. Weiterhin wird gefordert, dass die Vorschriften Dir auch das Recht auf Beschwerde (Artikel 79) zugestehen.

f) Die Haftung des Verantwortlichen oder Auftragsverarbeiter für Verstöße gegen die DSGVO, die von Mitgliedern deren Unternehmensgruppe begangen werden, die nicht in der EU niedergelassen sind.

g) Die Art und Weise, wie Du als betroffener über die verbindlichen internen Datenschutzvorschriften informiert wirst

h) Di Aufgaben aller mit der Verarbeitung Deiner persönlichen Daten befassten Personen, einschließlich des Datenschutzbeauftragten (Siehe auch Artikel 37)

i) Die Beschwerdeverfahren

j) Die Verfahren zur Überprüfung und Einhaltung der Vorschriften. Dabei geht es neben den reinen Prüfverfahren sowie Abhilfemaßnahmen im Fall von Verletzungen der Integrität Deiner Daten.

k) Die Art und Weise, wie die Vorschriften geändert werden und wie sie an die Aufsichtsbehörde übermittelt werden

l) Die Art und Weise, wie mit der Aufsichtsbehörde zusammengearbeitet wird und wo und wie die Ergebnisse von Überprüfungen auf DSGVO-Kompatibilität veröffentlicht werden.

m) Die Art und Weise, wie die Aufsichtsbehörde über Rechte und Vorschriften unterrichtet wird, die die DSGVO-konforme Arbeit von Mitgliedern einer Unternehmensgruppe in Drittländern außerhalb der EU gefährdet.

n) Organisation der Datenschutzschulungen für die Mitarbeiter, die mit personenbezogenen Daten hantierten.

(3) Die Kommission kann das Format und die Verfahren für den Informationsaustausch über verbindliche interne Datenschutzvorschriften im Sinne des vorliegenden Artikels zwischen Verantwortlichen, Auftragsverarbeitern und Aufsichtsbehörden festlegen. Diese Durchführungsrechtsakte werden gemäß dem Prüfverfahren nach Artikel 93 Absatz 2 erlassen.

Artikel 48   Nach dem Unionsrecht nicht zulässige Übermittlung oder Offenlegung

Hier geht es um die Offenlegung Deiner persönlichen Daten in Drittländern außerhalb der EU, wenn dies durch dortige Gesetze erzwungen werden soll.

Wird ein Verantwortlicher oder Auftragsverarbeiter in einem Drittland zur Offenlegung Deiner Daten an die dortigen Behörden gezwungen, darf dies nur auf der Basis von Gesetzen geschehen, wenn sie auf einer Übereinkunft zwischen den Staaten, z.B. ein Rechtshilfeabkommen.

Artikel 49   Ausnahmen für bestimmte Fälle

Dieser Artikel beschreibt Ausnahmen, die die Verarbeitung Deiner Daten in Drittländern / und oder durch internationale Organisationen ermöglichen, obwohl eigentlich keine der Voraussetzungen der Artikel 45 und 46 gegeben ist.

(1) Existiert weder ein Angemessenheitsbeschluss, der ein „angemessenes" Schutzniveau in einem Drittland / in einer internationalen Organisation bescheiniget (Artikel 45) noch ausreichende Garantien seitens der internationalen Organisation bzw. des Auftragsverarbeiters im Drittland (Artikel 46), kann die Verarbeitung Deiner Daten immer noch rechtmäßig sein. Dazu muss eine der folgenden Bedingungen erfüllt sein:

a) Du hast einer entsprechenden Verarbeitung ausdrücklich zugestimmt, nachdem Du auf die entsprechenden Risiken aufmerksam gemacht wurdest.

> *In einem solchen Fall kannst Du also Deine volle Datensouveränität ausspielen.*

b) Die Datenübermittlung ist notwendiger Teil eines Vertragsschlusses oder dient der Anbahnung eines Rechtsgeschäfts mit dem Verantwortlichen.

c) Die Datenübermittlung dient dem Abschluss oder der Erfüllung eines Vertrages, der zwischen Dir und einer anderen natürlichen Person geschlossen wurde.

d) Die Datenübermittlung steht im öffentlichen Interesse, z.B. Gesundheitsvorsorge.

e) Die Datenübermittlung dient der Geltendmachung, oder Verteidigung juristischer Ansprüche.

f) Die Datenübermittlung dient den lebenswichtigen Interessen einer Person, die, aus welchen Gründen auch immer (physisch oder psychische Gesundheit), selbst keine Einwilligung zu dieser Übermittlung geben könne.

g) Die Übermittlung erfolgt aus einem Archiv oder Register, dass auf der Basis von EU-Recht jedermann mit einem „berechtigten Interesse" zugänglich gemacht wird, sofern dieser das „berechtigte" Interesse im Einzelfall nachweisen kann. Wenn es um Deine Daten geht, muss der Verantwortliche Dich natürlich von der Offenlegung Deiner Daten informieren.

(2) Die Übermittlung der Daten dürfen sich nur auf einzelne Personen beziehen, nicht aber auf die Gesamtheit der Daten im Register oder einzelne Kategorien. Es ist klar, dass wenn ein berechtigtes Interesse besteht, Deine Daten nur an die Person mit dem berechtigten Interesse übermittelt werden dürfen. Diese muss auch der Adressat der Anfrage sein.

(3) Wenn Behörden in Ausübung ihrer hoheitlichen Befugnisse Deine

Daten verarbeiten, muss Deine ausdrückliche Einwilligung nicht eingeholt werden.

(4) Das öffentliche Interesse im Sinne des Absatzes 1 Unterabsatz 1 Buchstabe d muss im Unionsrecht oder im Recht des Mitgliedstaats, dem der Verantwortliche unterliegt, anerkannt sein.

(5) Ohne Angemessenheitsbeschluss kann das nationale oder EU-Recht die Übermittlung der Daten einschränken, wie in Drittländer oder internationale Organisationen übermittelt werden dürfen.

(6) Der Verantwortliche oder der Auftragsverarbeiter erfasst die von ihm vorgenommene Beurteilung sowie die angemessenen Garantien im Sinne des Absatzes 1 Unterabsatz 2 des vorliegenden Artikels in der Dokumentation gemäß Artikel 30.

Artikel 50 Internationale Zusammenarbeit zum Schutz personenbezogener Daten

Dieser Artikel beschreibt die Maßnahmen in Bezug auf den Austausch personenbezogener Daten zwischen EU-Staaten und Drittländern bzw. internationalen Organisationen.

a) Die Mechanismen müssen zum Ziel haben, DSGVO rechtswirksam durchzusetzen.

b) Gegenseitige Amtshilfe zur Durchsetzung der DSGVO durch Meldungen, Beschwerden. Voraussetzungen sind Garantien für den Schutz Deiner Daten nach den Standards der DSGVO.

c) Es müssen „maßgebliche Interessensträger" (also Regierungsstellen, Organisationen, Körperschaften) eingebunden werden, um die internationale Zusammenarbeit so auszubauen, dass sie der Durchsetzung der DSGVO dient.

> *Es soll also nach dem Prinzip „Steter Tropfen höhlt den Stein" eine gemeinsame-DSGVO-kompatible Praxis etabliert werden.*

d) Austausch von Rechtsvorschriften und Praktiken zum Schutz personenbezogener Daten.

Kapitel VI Unabhängige Aufsichtsbehörden

Abschnitt 1 Unabhängigkeit

Artikel 51 Aufsichtsbehörde

(1) Jedes EU-Land setzt eine oder mehrere Aufsichtsbehörden zur Überwachung und Anwendung der DSGVO in allen ihren Bereichen ein.

(2) Die Aufsichtsbehörden arbeiten miteinander und mit der EU zusammen. Ziel ist die einheitliche EU-weite Anwendung der DSGVO.

(3) Jedes EU-Land entsendet Vertreter seiner Aufsichtsbehörde in einen Ausschuss auf EU-Eben. Gibt es in eine, EU-Land mehrere Aufsichtsbehörden, wird nur eine in den Ausschuss entsandt.

(4) Jeder Mitgliedstaat muss der Kommission bis spätestens 25. Mai 2018 die Rechtsvorschriften mitteilen, die er aufgrund dieses Kapitels erlässt, sowie unverzüglich alle folgenden Änderungen dieser Vorschriften.

Artikel 52 Unabhängigkeit

Die DSGVO legt sehr viel Wert auf die Unabhängigkeit der Aufsichtsbehörden. Es soll sichergestellt werden, dass einzelne EU-Staaten keine Wettbewerbsvorteile durch Beeinflussung der Aufsichtsbehörden erlangen.

(1) Jede Aufsichtsbehörde ist in ihrem Handeln gemäß der DSGVO vollkommen unabhängig.

(2) Dies gilt ebenso für die Mitarbeiter der Aufsichtsbehörden. Sie dürfen keinerlei Beeinflussung von außen ausgesetzt sein und die Mitarbeiter dürfen auch keine Weisungen von außen annehmen oder nach solchen ersuchen.

(3) Die Mitglieder der Aufsichtsbehörden dürfen keine Nebentätigkeiten ausführen, die mit ihrer Arbeit in der Aufsichtsbehörde in Konflikt stehen, weder gegen Entgelt oder unentgeltlich.

(4) Die Mitgliedsstaaten müssen die Aufsichtsbehörden mit geeigneten (finanziellen) Mitteln und Personal ausstatten, um all ihren Aufgaben effektiv nachkommen zu können.

(5) Jeder Mitgliedstaat stellt sicher, dass die Aufsichtsbehörden ihr eigenes Personal selbst auswählen darf.

(6) Die finanziellen Kontrollen über die Aufsichtsbehörde müssen so gestaltet sein, dass die Unabhängigkeit der Aufsichtsbehörde hiervon nicht beeinträchtigt wird.

Artikel 53   Allgemeine Bedingungen für die Mitglieder der Aufsichtsbehörde

(1) Die Mitglieder der Aufsichtsbehörden müssen über transparente Verfahren ernannte werden, d.h. vom Parlament, von der Regierung, dem Staatsoberhaupt oder einer zur Ernennung der Mitglieder eigens eingerichteten unabhängigen Stelle.

(2) Die Mitglieder müssen ausreichend qualifiziert sein in allen Belangen die DSGVO.

(3) Die Amtszeit eines Mitglieds der Aufsichtsbehörde endet mit dem Ablauf der regulären Amtszeit, dem Rentenalter bzw. dem Rücktritt

des Mitgliedes.

(4) Ein Mitglied darf seines Amtes nur bei schweren Verfehlungen enthoben werden oder wenn die Voraussetzung für das Amt (z.B. Qualifizierung) nicht mehr besteht.

Artikel 54   Errichtung der Aufsichtsbehörde

(1) Jedes EU-Land erlässt auf der Basis des nationalen Rechts folgende Vorschriften um folgendes zu gewährleisten:

   a) Die Errichtung der Aufsichtsbehörden

   b) Die ausreichende Qualifikationen der Mitarbeiter der Aufsichtsbehörden

   c) Die Vorschriften und Verfahren für die Ernennung der Mitglieder der Aufsichtsbehörde(n)

   d) Die Länge der Amtszeiten, mindestens 4 Jahre

   e) Ob Mitglieder der Aufsichtsbehörde wiederernannt werden können

   f) Die Bedingungen im Hinblick auf Pflichten und Verbote der Mitglieder während und nach ihrer Amtszeit. Dies kann sich konkret auf Handlungen oder aber Nebentätigkeiten beziehen.

(2) Für die Mitglieder der Aufsichtsbehörde gilt während ihrer Dienstzeit und darüber hinaus die Verpflichtung zur Vertraulichkeit

Abschnitt 2 Zuständigkeit, Aufgaben und Befugnisse

Artikel 55   Zuständigkeit

Dieser Artikel beschreibt das Zusammenspiel der federführenden Aufsichtsbehörde und den ihr unterstellten Aufsichtsbehörden. Für die Verarbeitung Deiner persönlichen Daten ist dies nicht von großem Interesse.

(1) Jede Aufsichtsbehörde ist für die Erfüllung ihrer Aufgaben auf dem jeweiligen Hoheitsgebiet ihres Staates verantwortlich.

(2) Erfolgt die Verarbeitung durch Behörden oder private Stellen auf der Grundlage der rechtmäßigen Verarbeitung Deiner Daten (Artikel 6 Absatz 1 Buchstabe c oder e), so ist die Aufsichtsbehörde des betroffenen Mitgliedstaats zuständig bzw. die federführende Aufsichtsbehörde (Artikel 56) ist nicht zuständig.

(3) Die Aufsichtsbehörde ist nichtzuständig in Bezug auf die Verarbeitung Deiner Daten durch die Justizbehörden der EU-Staaten.

Artikel 56   Zuständigkeit der federführenden Aufsichtsbehörde

(1) Die Aufsichtsbehörde der Hauptniederlassung oder der einzigen Niederlassung eines Verantwortlichen wird als „federführende Aufsichtsbehörde" bezeichnet. Deren Zusammenarbeit mit den anderen Aufsichtsbehörden ist in Artikel 60 dargelegt.

(2) Jede Aufsichtsbehörde ist dafür zuständig, gegen Verstöße gegen die DSGVO vorzugehen und Beschwerden nachzugehen, soweit es sich um Verantwortliche und Auftragsverarbeiter auf dem Hoheitsgebiet des jeweiligen EU-Staates handelt.

(3) Im Falle von Beschwerden und Verstößen informiert die damit befasste Aufsichtsbehörde dann die federführende Aufsichtsbehörde, die dann wiederum entscheidet, ob der jeweilige Fall nach Artikel 60 verfolgt werden soll.

(4) Befasst sich die federführende Aufsichtsbehörde mit dem Fall, so folgt das Erfahren wie in Artikel 60 beschrieben.

(5) Befasst sich die federführende Aufsichtsbehörde mit dem Fall, befasst sich die Aufsichtsbehörde, die die federführende Aufsichtsbehörde unterrichtet hat, nach Artikel 61 und 62 mit dem Fall.

(6) Hinsichtlich der grenzüberschreitenden Verarbeitung personenbezogener Daten stellt die federführende Aufsichtsbehörde den Ansprechpartner für Verantwortliche und Auftragsverarbeiter dar.

Artikel 57   Aufgaben

Hier folgen die Details zu den Aufgaben der Aufsichtsbehörden

(1) Innerhalb des jeweiligen Hoheitsgebietes ist jede Aufsichtsbehörde für die folgenden Aufgaben zuständig

a) Anwendung und Durchsetzung der DSGVO

b) Sensibilisierung und Aufklärung der Öffentlichkeit über die Gefahren der Verarbeitung personenbezogener Daten – insbesondere im Hinblick auf den Schutz von Kindern.

c) Beratung der Regierungen und Behörden auf ihrem jeweiligen Hoheitsgebiet in Bezug auf legislative und administrative Maßnahmen beim Schutz personenbezogener Daten.

d) Sensibilisierung der Verantwortlichen und Auftragsverarbeiter für ihre Pflichten bei der Verarbeitung personenbezogener Daten

e) Zur Verfügungstellung von Informationen an Einzelpersonen über deren in der DSGVO festgelegten Rechte. Dies geschieht auf Anfrage der Einzelperson und unter Zusammenarbeit mit den Aufsichtsbehörden anderer EU-Staaten.

f) Befassen mit Beschwerden von Organisationen und Personen und Informierung der Beschwerdeführer über den Fortgang der Untersuchungen.

g) Zusammenarbeit mit anderen Aufsichtsbehörden um die einheitliche Anwendung der DSGVO zu gewährleisten

h) Untersuchung über die Anwendung der DSGVO in Zusammenarbeit mit anderen Aufsichtsbehörden.

i) Verfolgen der Technologien und Geschäftspraktiken bei der Verarbeitung personenbezogener Daten

j) Erstellung von Standardvertragsklauseln (Artikels 28 Absatz 8, Artikels 46 Absatz 2 Buchstabe d)

k) Erstellung und Pflege einer Liste der Verarbeitungsarten, für die eine Datenschutz-Folgenabschätzung durchzuführen (Artikel 35 Absatz 4)

l) Beratung von Verantwortlichen in Bezug auf deren Verarbeitungsvorgänge (Artikel 36 Absatz 2)

m) die Ausarbeitung von Verhaltensregeln (Artikel 40 Absatz 1) und billigen der notwendigen Garantien, die diese Verhaltensregeln bieten müssen.

n) Einführung und Anregung von Datenschutz-Zertifizierungs-Mechanismen und von Datenschutzsiegeln und -Prüfzeichen. Billigung von Zertifizierungskriterien

o) Gegebenenfalls die erteilten Zertifizierungen regelmäßig überprüfen (Artikel 42 Absatz 7)

p) Abfassen und veröffentlichen der Kriterien für die Akkreditierung einer Stelle für die Überwachung der Einhaltung der Verhaltensregeln (Artikel 41) sowie einer Zertifizierungsstelle (Artikel 43)

q) Vornehmen der Akkreditierung einer Stelle für die Überwachung der Einhaltung der Verhaltensregeln (Artikel 41) sowie einer Zertifizierungsstelle (Artikel 43)

r) Genehmigung von Vertragsklauseln und Bestimmungen (Artikel 46 Absatz 3)

s) Genehmigung verbindlicher interner Vorschriften (Artikel 47)

t) Unterstützung des Datenschutzausschusses durch Beiträge zu seiner Tätigkeit

u) Führen interner Verzeichnisse über Verstöße gegen diese DSGVO gemäß Artikel 58 Absatz 2 und ergriffener Maßnahmen und

v) Jede sonstige Aufgabe im Zusammenhang mit dem Schutz personenbezogener Daten erfüllen.

(2) Die Aufsichtsbehörden stellen Dir zur Erleichterung Deiner Beschwerden entsprechende (elektronische) Formulare bereit.

(3) Die Erfüllung der Aufgaben der Aufsichtsbehörde ist sowohl für Einzelpersonen als auch für die Datenschutzbeauftragten von Organisationen unentgeltlich.

(4) Im Fall von Missbrauch durch offensichtlich unbegründete oder „exzessive" Anfragen kann die Aufsichtsbehörde entweder eine Gebühr festsetzen oder die Bearbeitung zu verweigern.

Artikel 58   Befugnisse

(1) Aufgrund ihrer Befugnisse darf die Aufsichtsbehörde die folgenden

Tätigkeiten durchzuführen.

a) Zur-Verfügung stellen von Informationen

b) Durchführung von Datenschutzüberprüfungen

c) Überprüfung von Zertifizierungen nach Artikel 42 Absatz 7

d) Hinweis von Verantwortlichen und Auftragsverarbeitern auf Verstöße gegen die DSGVO in ihrem Verantwortungsbereich.

e) Erhalt von personenbezogenen Daten von Verantwortlichen und Auftragsverarbeitern um ihre Aufgaben zu erfüllen.

f) Erhalt des Zugangs zu den Geschäftsräumen sowie datenverarbeitende Systeme und Geräte soweit es für die Erfüllung der Aufgaben notwendig ist.

(2) Aufsichtsbehörden haben die folgenden Abhilfebefugnisse, die es gestatten:

Bei näherem Hinsehen siehst Du, dass die in diesem Absatz beschriebenen „Abhilfebefugnisse" im Prinzip Deinen Rechten gegenüber Verantwortlichen/Auftragsverarbeitern entsprechen. Somit kann die Aufsichtsbehörde in Deinem Namen, auf Deine Anfrage hin tätig werden. Sie kann aber auch aufgrund anderweitig erlangter Kenntnisse oder einer Benachrichtigung von dritter Seite in Deinem Namen tätig werden.

a) Warnung von Verantwortlichen oder Auftragsverarbeitern, das bestimmte zur Einschätzung vorgelegte Verarbeitungsprozesse für personenbezogene Daten

b) Verwarnungen eines Verantwortlichen oder Auftragsverarbeiters, dass beabsichtige Verarbeitungsvorgänge nicht DSGVO-kompatibel sind

c) Dich dabei zu unterstützen, dass ein Verantwortlicher oder

Auftragsverarbeiter sich Dir gegenüber korrekt verhält, bzw. Deinen Anfragen und Erklärungen (Widerruf, Löschung etc.) entspricht. Das muss unentgeltlich geschehen.

d) Darauf hinzuweisen, dass ein Verantwortlicher / Auftragsverarbeiter seine Bearbeitungsvorgänge gemäß den Vorgaben der DSGVO umstellt – und zwar innerhalbeiner Frist oder auf eine bestimmte Weise. Ggf. auf Deine Beschwerde hin.

e) Anweisung des Verantwortlichen/Auftragsverarbeiters, Dich im Falle der Verletzung der Integrität Deiner Daten hierüber zu informieren.

f) Verbot bzw. Einschränkung der Verarbeitung Deiner Daten bei einem Verantwortlichen/Auftragsverarbeiters, auch zeitweilig.

g) Die Berichtigung oder Löschung von personenbezogenen Daten oder die Einschränkung der Verarbeitung gemäß (Artikeln 16, 17 und 18) sowie die Unterrichtung der Empfänger, an die diese personenbezogenen Daten offengelegt wurden (Artikel 17 Absatz 2 und Artikel 19)

h) Eine Zertifizierung zu widerrufen oder die Zertifizierungsstelle anzuweisen, eine bereits erteilte Zertifizierung zu widerrufen, oder die Zertifizierungsstelle anzuweisen, keine Zertifizierung zu erteilen, wenn die Voraussetzungen für die Zertifizierung nicht oder nicht mehr erfüllt werden

i) Eine Geldbuße zu verhängen (Artikel 83), zusätzlich zu oder anstelle von anderen in diesem Absatz genannten Maßnahmen, je nach den Umständen des Einzelfalls

j) Anordnung zur Aussetzung der Übermittlung von Daten an einen Empfänger in einem Drittland oder an eine internationale Organisation.

(3) Jede Aufsichtsbehörde verfügt über sämtliche folgenden Genehmigungsbefugnisse und beratenden Befugnisse, die ihr

folgendes gestatten:

a) Den Verantwortlichen zu beraten, gemäß dem Verfahren der vorherigen Konsultation (Artikel 36)

b) Stellung zu nehmen zu allen Fragen, die im Zusammenhang mit dem Schutz personenbezogener Daten stehen. Dies kann entweder von sich aus oder auf Anfrage geschehen. Weiterhin sind Stellungnahmen an das nationale Parlament, die Regierung des Mitgliedstaats oder an sonstige Einrichtungen und Stellen sowie an die Öffentlichkeit zu richten

c) Genehmigung die Verarbeitung personenbezogener Daten nach Konsultation (Artikel 36 Absatz 5), falls im Recht des Mitgliedstaats eine derartige vorherige Genehmigung verlangt wird

d) Abgabe von Stellungnahmen und Billigung der Entwürfe von Verhaltensregeln (Artikel 40 Absatz 5)

e) Akkreditierung von Zertifizierungsstellen (Artikel 43)

f) Erteilung von Zertifizierungen Artikel 42 Absatz 5 und Billigung der Kriterien

g) Festlegung von Standarddatenschutzklauseln (Artikel 28 Absatz 8 und Artikel 46)

h) h) Vertragsklauseln gemäß Artikel 46 Absatz 3 Buchstabe a zu genehmigen,

i) Genehmigung von Verwaltungsvereinbarungen zur Übermittlung von Daten in Drittstaaten / internationale Organisationen (Artikel 46 Absatz 3

j) Genehmigung von verbindlichen internen Vorschriften (Artikel 47)

(4) Die Aufsichtsbehörde darf ihre Befugnisse so wahrnehmen, dass sie sich dabei im rechtlichen Rahmen des EU-Rechts bzw. des Rechts des EU-Staates bewegt.

(5) Umgekehrt sind die Mitgliedsstaaten der EU verpflichtet, ihren Aufsichtsbehörden auch die erforderlichen Rechte einzuräumen, damit die Aufsichtsbehörde den Justizbehörden Verstöße gegen die DSGVO melden, gerichtliche Verfahren durchsetzen und die DSGVO umsetzen kann.

(6) Jeder Mitgliedstaat kann Gesetze erlassen, die einer Aufsichtsbehörde zusätzliche Befugnisse zuweisen. Die Ausübung dieser zusätzlichen Befugnisse darf nicht die effektive Zusammenarbeit der Aufsichtsbehörden (Kapitels VII) beeinträchtigen.

Artikel 59   Tätigkeitsbericht

Die Aufsichtsbehörden müssen Rechenschaft über ihre Tätigkeiten ablege, und zwar in Form eines jährlichen Tätigkeitsberichtes. Dieser soll die folgenden Informationen enthalten:

- Liste der gemeldeten Verstöße

- Die Arten der getroffenen Maßnahmen (Artikel 58, Absatz 2)

Der Adressat des Tätigkeitsberichtes sind nationale Parlamente, Regierungen und von den EU-Staaten bestimmte Behörden.

Kapitel VII Zusammenarbeit und Kohärenz

Abschnitt 1 Zusammenarbeit

Artikel 60 Zusammenarbeit zwischen der federführenden Aufsichtsbehörde und den anderen betroffenen Aufsichtsbehörden

(1) Die Zusammenarbeit der federführenden Aufsichtsbehörde mit allen anderen Aufsichtsbehörden wird in diesem Artikel geregelt. Die Zusammenarbeit soll seitens der federführenden Aufsichtsbehörde auf Konsens ausgerichtet sein. Im Rahmen dieser Zusammenarbeit dürfen die federführende Aufsichtsbehörde und die weiteren Aufsichtsbehörden zweckdienliche Informationen austauschen.

Das können auch Deine persönlichen Daten sein

(2) Die federführende Aufsichtsbehörde kann die anderen Aufsichtsbehörden zur Amtshilfe auffordern (Artikel 61, Artikel 62). Weiterhin kann die federführende Aufsichtsbehörde andere Aufsichtsbehörden um Amtshilfe (Artikel 61) ersuchen und gemeinsame Maßnahmen (Artikel 62) durchführen, insbesondere zur Überwachung der Umsetzung einer Maßnahme durch einen Verantwortlichen oder einen Auftragsverarbeiter, der in einem anderen Mitgliedstaat niedergelassen ist

(3) Die Zusammenarbeit der Aufsichtsbehörden erfordert, dass die federführende Aufsichtsbehörde die anderen Aufsichtsbehörden mit den zweckdienlichen Hinweisen sowie mit Beschlussentwürfen zur Stellungnahmen und geht auf die Stellungnahmen der anderen Aufsichtsbehörden ein.

Dies ist eine weitere Umschreibung der Tatsache, dass die federführende Aufsichtsbehörde den anderen Aufsichtsbehörden gegenüber nicht weisungsbefugt sind.

(4) Legt eine der Aufsichtsbehörden gegen einen Beschlussentwurf der

fachlichen Aufsichtsbehörde innerhalb von vier Wochen begründet Einspruch ein, leitet die federführende Aufsichtsbehörde das Kohärenzverfahren gemäß Artikel 63 ein.

(5) Schließt sich die federführende Aufsichtsbehörde dem Einspruch der anderen Aufsichtsbehörde an, so erarbeitet die federführende Aufsichtsbehörde einen neuen Beschlussentwurf.

(6) Wenn in dem unter Absatz (5) genannten Fall keine andere Aufsichtsbehörde dem Beschussentwurf der federführenden Aufsichtsbehörde widerspricht, gilt dieser als angenommen.

(7) Nachdem die federführende Aufsichtsbehörde einen Beschluss erlassen hat, teilt sie diesen dem Verantwortlichen und ggf. einem Auftragsverarbeiter mit und informiert entsprechend die anderen Aufsichtsbehörden.

(8) Wird Deine Beschwerde bei einer Aufsichtsbehörde abgelehnt, so musst Du hiervon in Kenntnis gesetzt werden.

(9) Die Aufsichtsbehörden könnte Deiner Beschwerde teilweise stattgeben. Dann müssen mehrere Beschlüsse gefassten werden, für die stattgegebenen und die nicht stattgegebenen Teile Deiner Beschwerde. Und entsprechend müssen der Verantwortliche und Du von den Aufsichtsbehörden informiert werden.

(10) Nachdem Verantwortlicher und Auftragsverarbeiter vom Beschluss bzgl. Deiner Beschwerde informiert wurden, müssen Verantwortlicher und Auftragsverarbeiter diese Beschlüsse in allen ihren Niederlassungen in die Tat umsetzen und der federführenden Aufsichtsbehörde die konkreten getroffenen Maßnahmen mitteilen.

(11) In dringenden Fällen kann die Aufsichtsbehörde Maßnahmen zum Deinem Schutz als betroffener über das „Dringlichkeitsverfahren" (Artikel 66) einleiten.

Für den Austausch von Informationen (auch Deiner persönlichen

Informationen) soll ein standardisiertes Format genutzt werden.

> *Damit ist wahrscheinlich ein <u>EU-weit</u> standardisiertes Format gemeint.*

Artikel 61   Gegenseitige Amtshilfe

(1) Die Aufsichtsbehörden übermitteln sich gegenseitig Daten und gewähren sich gegenseitig Amtshilfe, insbesondere bzgl. Auskunftsersuchen, und aufsichtsbezogene Maßnahmen (z.B. Ersuchen um Genehmigung, Konsultation, Nachprüfungen und Untersuchungen).

(2) Im Rahmen der Amtshilfe sollen Aufsichtsbehörden innerhalb eines Monats dem Amtshilfe-Ersuchen einer anderen Aufsichtsbehörde entgegenkommen.

(3) Ein Amtshilfeersuchen muss aller erforderlichen Informationen enthalten, einschließlich Zweck und Begründung für das Ersuchen.

(4) Ein Amtshilfeersuchen darf nur aus den folgenden Gründen abgelehnt werden:

 a) Die ersuchte Aufsichtsbehörde ist gar nicht zuständig

 b) Das Amtshilfeersuchen steht im Widerspruch zu EU-Recht oder nationalem Recht.

(5) Die ersuchte Aufsichtsbehörde muss die anfragende Aufsichtsbehörde über getroffene Maßnahmen und Resultate auf dem Laufenden halten.

(6) Die Übermittlung von Informationen im Rahmen eines Amtshilfeersuchen soll standardmäßig auf elektronischem Wege geschehen.

(7) Amtshilfe soll generell unentgeltlich erfolgen. In speziellen Fällen,

z.B. für aufwändige Verfahren können Aufsichtsbehörden untereinander Regeln vereinbaren, um im Rahmen der Amtshilfe entstandene Ausgaben zu erstatten.

(8) Erteilt eine ersuchte Aufsichtsbehörde nicht binnen eines Monats nach Eingang des Ersuchens einer anderen Aufsichtsbehörde die Informationen, so kann die ersuchende Aufsichtsbehörde eine einstweilige Maßnahme im Hoheitsgebiet ihres Mitgliedstaats (Artikel 55 Absatz 1) ergreifen. In diesem Fall wird von einem dringenden Handlungsbedarf ausgegangen (Artikel 66 Absatz 1).

(9) Die Kommission kann die Form des elektronischen Informationsaustauschs zwischen den Aufsichtsbehörden festlegen. Dies gilt auch für das bereits erwähnte standardisierte Format zum Datenaustausch.

Artikel 62   Gemeinsame Maßnahmen der Aufsichtsbehörden

Dieser Artikel soll im Wesentlichen sicherstellen, dass die Aufsichtsbehörden EU-weit handlungsfähig und zu konzertierten Aktionen fähig sind.

(1) Mehrere Aufsichtsbehörden können gemeinsam Untersuchungen und Maßnahmen zur Durchsetzung von Beschlüssen durchführen.

(2) Ist ein Verantwortlicher/Auftragsverarbeiter mit Niederlassungen in mehreren Staaten vertreten und damit Personen in mehreren EU-Staaten von der Auftragsverarbeitung betroffen, haben die Aufsichtsbehörden aller betroffener EU-Staaten das Recht an Untersuchungen mitzuwirken. Dazu muss die zuständige Aufsichtsbehörde die anderen Aufsichtsbehörden einladen (Artikel 56 Absatz 1).

(3) Im Falle Gemeinsamer Maßnahmen können die Aufsichtsbehörden untereinander Befugnisse erteilen, sofern dies nicht dem nationalen Recht eines der EU-Staaten widerspricht.

(4) Der Staat der einladenden Aufsichtsbehörde übernimmt die Verantwortung für das Handeln der Bediensteten unterstützender Aufsichtsbehörden in allen anderen beteiligten Staaten der EU.

(5) Der Mitgliedstaat, in dessen Hoheitsgebiet der Schaden verursacht wurde, ersetzt diesen Schaden so, wie er ihn ersetzen müsste, wenn seine eigenen Bediensteten ihn verursacht hätten. Der Mitgliedstaat der unterstützenden Aufsichtsbehörde, deren Bedienstete im Hoheitsgebiet eines anderen Mitgliedstaats einer Person Schaden zugefügt haben, erstattet diesem anderen Mitgliedstaat den Gesamtbetrag des Schadenersatzes, den dieser an die Berechtigten geleistet hat.

(6) Unbeschadet der Ausübung seiner Rechte gegenüber Dritten und mit Ausnahme des Absatzes 5 verzichtet jeder Mitgliedstaat verzichtet in dem Fall des Absatzes 1 darauf, erlittenen Schadensersatz gegenüber anderen Mitgliedstaaten geltend zu machen.

(7) Ist eine gemeinsame Maßnahme geplant und kommt eine Aufsichtsbehörde nicht binnen eines Monats ihrer Verpflichtung zur

Mitwirkung nach, so können die anderen Aufsichtsbehörden eine einstweilige Maßnahme im Hoheitsgebiet ihres Mitgliedstaats gemäß Artikel 55 ergreifen. In diesem Fall wird von einem dringenden Handlungsbedarf laut Artikel 66 Absatz 1 ausgegangen.

Abschnitt 2 Kohärenz

Es betrifft Dich als Verbraucher nicht direkt, wie sich die Zusammenarbeit zwischen Aufsichtsbehörden und Kommission gestaltet.

Artikel 63 Kohärenzverfahren

Das Kohärenzverfahren soll die einheitliche Umsetzung der DSGVO innerhalb der EU gewährleisten, indem ein Rahmen definiert wird, der Vorgibt, wie die Aufsichtsbehörden kollaborieren.

Artikel 64 Stellungnahme Ausschuss

(1) Der Ausschuss gibt eine Stellungnahme ab, wenn eine zuständige Aufsichtsbehörde eine der folgenden Maßnahmen durchführen lässt:

a) Erstellung einer Liste mit Verarbeitungsvorgängen, die der Datenschutz-Folgenabschätzung (Artikel 34, Absatz 4) unterliegen

b) Gestaltung und Änderungen der Verhaltensregeln für Verantwortliche und Datenbearbeiter (Artikel 40, Absatz 7)

c) Erstellung von Kriterien für die Akkreditierung von Zertifizierungsstellen (Artikel 43, Absatz 3)

d) Definition von Standard-Datenschutzklauseln (Artikel 28, Absatz 3. a), b))

e) Genehmigung von Vertragsklauseln (Artikel 46, Absatz 3)

f) Die Genehmigung von verbindlichen internen Vorschriften (Compliance-Regeln) (Artikel 47)

(2) Angelegenheiten von allgemeiner Gültigkeit in mehr als einem EU-Staat können auf Antrag einer Aufsichtsbehörde oder der Kommission in mehr als einem EU-Staat geprüft werden.

(3) Innerhalb von 8 Wochen muss der Ausschuss eine Stellungnahme zu den ihm vorgelegten Beschluss vorliege. In dieser Zeit können auch Einwände von anderer Seite (Aufsichtsbehörde) vorgebracht werden.

(4) Die Aufsichtsbehörden und die Kommission übermitteln unverzüglich alle zweckdienlichen Informationen dem Ausschuss und die Gründe, warum eine solche Maßnahme ergriffen werden muss sowie und der Standpunkte anderer betroffener Aufsichtsbehörden. Dies geschieht auf elektronischem Wege unter Verwendung eines standardisierten Formats.

(5) Der Vorsitz des Ausschusses unterrichtet unverzüglich auf elektronischem Wege

a) die Mitglieder des Ausschusses und die Kommission über alle zweckdienlichen Informationen, die ihm zugegangen sind. Dies geschieht elektronisch unter Verwendung eines standardisierten Formats.

b) je nach Fall die Aufsichtsbehörde und die Kommission über die Stellungnahme und veröffentlicht sie

(6) Die zuständige Aufsichtsbehörde nimmt den in Absatz 1 genannten Beschlussentwurf nicht vor Ablauf der in Absatz 3 genannten Frist an.

(7) Die genannte Aufsichtsbehörde teilt dessen Vorsitz binnen zwei Wochen nach Eingang der Stellungnahme auf elektronischem Wege unter Verwendung eines standardisierten Formats mit, ob sie den

Beschlussentwurf beibehalten oder ändern wird; gegebenenfalls übermittelt sie den geänderten Beschlussentwurf.

(8) Teilt die betroffene Aufsichtsbehörde dem Vorsitz des Ausschusses innerhalb der Frist nach Absatz 7 des vorliegenden Artikels unter Angabe der maßgeblichen Gründe mit, dass sie beabsichtigt, der Stellungnahme des Ausschusses insgesamt oder teilweise nicht zu folgen, so muss der Ausschuss den Streit gesondert beilegen (Artikel 65).

Artikel 65   Streitbeilegung durch den Ausschuss

(1) Um die ordnungsgemäße und einheitliche Anwendung dieser Verordnung in Einzelfällen sicherzustellen, erlässt der Ausschuss in den folgenden Fällen einen verbindlichen Beschluss:

a) Wenn eine betroffene Aufsichtsbehörde einen begründeten Einspruch gegen einen Beschlussentwurf der federführenden Behörde eingelegt hat oder die federführende Behörde einen solchen Einspruch als begründet abgelehnt hat,

b) Wenn es widersprüchliche Standpunkte dazu gibt, welche der betroffenen Aufsichtsbehörden für die Hauptniederlassung zuständig ist,

c) wenn eine zuständige Aufsichtsbehörde keine Stellungnahme des Ausschusses einholt oder der Stellungnahme des Ausschusses gemäß Artikel 64 nicht folgt. In diesem Fall kann jede betroffene Aufsichtsbehörde oder die Kommission die Angelegenheit dem Ausschuss vorlegen.

(2) Der in Absatz 1 genannte Beschluss wird innerhalb eines Monats nach der Befassung mit der Angelegenheit mit einer Mehrheit von zwei Dritteln der Mitglieder des Ausschusses angenommen. Diese Frist kann wegen der Komplexität der Angelegenheit um einen weiteren Monat verlängert werden.

(3) War der Ausschuss nicht in der Lage, innerhalb der in Absatz 2 genannten Fristen einen Beschluss anzunehmen, so nimmt er seinen Beschluss innerhalb von zwei Wochen nach Ablauf des in Absatz 2 genannten zweiten Monats mit einfacher Mehrheit der Mitglieder des Ausschusses an. Bei Stimmengleichheit zwischen den Mitgliedern des Ausschusses gibt die Stimme des Vorsitzes den Ausschlag.

(4) Die betroffenen Aufsichtsbehörden nehmen vor Ablauf der genannten Fristen keinen Beschluss über die dem Ausschuss vorgelegte Angelegenheit an.

(5) Der Vorsitz des Ausschusses unterrichtet die betroffenen Aufsichtsbehörden und die Kommission unverzüglich über ihren Beschluss. Der Beschluss wird dann unverzüglich auf der Website des Ausschusses veröffentlicht

(6) Die federführende Aufsichtsbehörde oder gegebenenfalls die Aufsichtsbehörde, bei der die Beschwerde eingereicht wurde, trifft den endgültigen Beschluss auf der Grundlage erfolgten Beschlusses. Dies soll unverzüglich aber spätestens nach einem Monat geschehen, nachdem der Europäische Datenschutzausschuss seinen Beschluss mitgeteilt hat.

Artikel 66   Dringlichkeitsverfahren

(1) Wenn die Situation Eile erfordert, kann eine betroffene Aufsichtsbehörde das Kohärenzverfahren umgehen und stattdessen sofort Maßnahmen einleiten. Diese Maßnahmen mit Rechtswirkung sind auf höchstens drei Monaten begrenzt. In so einem Fall informiert die Aufsichtsbehörde alle anderen Aufsichtsbehörden und die Kommission über diese getroffenen Maßnahmen.

(2) Für weitergehende Maßnahmen im Rahmen eines Dringlichkeitsverfahren kann sich die Aufsichtsbehörde unter Angaben von Gründen and den Ausschuss wenden um dort einen

verbindlichen Beschluss zu erreichen.

(3) Wenn eine Aufsichtsbehörde in ihrem Verantwortungsbereich keine geeigneten Maßnahmen trifft, obwohl Handlungsbedarf besteh, kann sich jede andere Aufsichtsbehörde an den Ausschuss wenden, um dort einen Beschluss in der dringenden Sache zu erwirken

(4) Abweichend von den Maßnahmen zur Stellungnahme und zur Streitschlichtung (Artikel 64, Artikel 65) wird eine Stellungnahme oder ein verbindlicher Beschluss im Dringlichkeitsverfahren binnen zwei Wochen mit einfacher Mehrheit der Mitglieder des Ausschusses angenommen.

Artikel 67   Informationsaustausch

Die Kommission legt fest, wie die Aufsichtsbehörden den elektronischen Informationsaustausch zwischen ihnen gestalten.

Abschnitt 3 Europäischer Datenschutzausschuss

Artikel 68   Europäischer Datenschutzausschuss

(1) Der Europäische Datenschutzausschuss („Ausschuss" genannt) ist eine Einrichtung mit sog. eigener Rechtspersönlichkeit.

(2) Der Ausschuss hat einen Vorsitz, der ihn vertritt.

(3) Der Ausschuss besteht aus den Leitern aller Aufsichtsbehörden sowie dem Europäischen Datenschutzbeauftragten oder ihren Vertretern.

(4) Gibt es in einem EU-Staat mehrere Aufsichtsbehörden, so einigen diese sich auf einen Vertreter für den Ausschuss.

(5) Die Kommission nimmt an den Sitzungen des Ausschusses durch Entsendung eines Vertreters teil.

(6) Der Europäische Datenschutzbeauftragte ist in den Fällen in der

Kommission stimmberechtigt, die im Artikel 65 genannt werden.

Artikel 69   Unabhängigkeit

(1) Der Ausschuss ist unabhängig (siehe auch Artikel 70 und 71)

(2) Der Ausschuss nimmt dabei weder Weisungen von irgendeiner Seite an, noch bittet er um Weisung. Abgesehen sind natürlich Ersuchen an den Ausschuss, wie in Artikel 70 Absatz 1 Buchstabe b und Absatz 2 beschriebenen.

Lars Dibbern

Artikel 70 Aufgaben des Ausschusses

Der Ausschuss legt die Kriterien für die Umsetzung aller der DSGVO festgeschriebenen Regelungen fest. Der Ausschuss legt diese Kriterien EU-weit fest. Es geht hier im Wesentlichen um die Befugnisse des Ausschusses.

(1) Der Ausschuss soll EU-weit die einheitliche Anwendung der DSGVO sicherstellen. Diese Tätigkeiten sind im Einzelnen:

a) Überwachung und Sicherstellung der ordnungsgemäßen Anwendung dieser Verordnung (Artikel 64 und 65)

b) Beratung der Kommission in Frage zur Verarbeitung/ zum Schutz personenbezogener Daten.

c) Beratung der Kommission hinsichtlich des Formates und der Verfahren für den Informationsaustausch.

d) Bereitstellung von Leitlinien und Verfahren für die Löschung von Daten (Artikel 17, Absatz 2)

e) Prüfung der Empfehlungen und Verfahren im Hinblick auf die einheitliche Anwendung der DSGVO. Dies Prüfung kann auf Anfrage oder proaktiv geschehen.

f) Bereitstellung von Leitlinien und Empfehlungen für Entscheidungen in Bezug auf Profiling.

g) Bereitstellung von Leitlinien und Empfehlungen für Feststellung von Verletzungen Deiner persönlichen Daten und Festlegung und unter welchen Umständen diese der Aufsichtsbehörde gemeldet werden müssen.

h) Bereitstellung von Leitlinien und Empfehlungen für Entscheidungen in Bezug auf die Umstände, unter denen eine Verletzung des

Schutzes Deiner Daten ein hohes Risiko für Deine Rechte und Freiheiten darstellt.

i) Bereitstellung von Leitlinien und Empfehlungen für Entscheidungen in Bezug die Kriterien und Anforderung für die Übermittlung personenbezogener Daten

j) Bereitstellung von Leitlinien und Empfehlungen für in Bezug auf Ausnahmen bei der Übertragung personenbezogener Daten (Artikel 49)

k) Ausarbeitung von Leitlinien für die Aufsichtsbehörden (Artikel 58) und die Festsetzung von Geldbußen (Artikel 83)

l) Überprüfung der praktischen Anwendung der unter den Buchstaben e und f genannten Leitlinien, Empfehlungen und bewährten Verfahren

m) Bereitstellung von Leitlinien, Empfehlungen und bewährten Verfahren zur Festlegung gemeinsamer Verfahren für die von natürlichen Personen vorgenommene Meldung von Verstößen gegen die DSGVO (Artikel 54 Absatz 2)

n) Förderung der Ausarbeitung von Verhaltensregeln und der Einrichtung von datenschutzspezifischen Zertifizierungsverfahren (Artikel 40 und 42)

o) Akkreditierung von Zertifizierungsstellen und deren regelmäßige Überprüfung (Artikel 43) sowie Führung eines öffentlichen Registers der akkreditierten Einrichtungen (Artikel 43 Absatz 6) und der in Drittländern niedergelassenen akkreditierten Verantwortlichen oder Auftragsverarbeiter (Artikel 42 Absatz 7)

p) Präzisierung der Anforderungen im Hinblick auf die Akkreditierung von Zertifizierungsstellen (Artikel 42)

q) Abgabe einer Stellungnahme für die Kommission zu den

Zertifizierungsanforderungen (Artikel 43 Absatz 8)

r) Abgabe einer Stellungnahme für die Kommission zu den Bildsymbolen (Artikel 12 Absatz 7)

s) Abgabe einer Stellungnahme für die Kommission zur Beurteilung der Angemessenheit des in einem Drittland oder einer internationalen Organisation gebotenen Schutzniveaus

t) Abgabe von Stellungnahmen im Kohärenzverfahren (Artikel 64) zu Beschlussentwürfen von Aufsichtsbehörden, zu Angelegenheiten, die dem Ausschuss zur Stellungnahme vorgelegt wurden (Artikel 64 Absatz 2)

u) Förderung der Zusammenarbeit der Zusammenarbeit und des Informationsaustausches zwischen den Aufsichtsbehörden

v) Förderung von Schulungsprogrammen und Erleichterung des Personalaustausches zwischen Aufsichtsbehörden oder mit internationalen Organisationen

w) Förderung des Austausches von Fachwissen und von Dokumentationen über Datenschutzvorschriften und -praxis mit Datenschutzaufsichtsbehörden in aller Welt;

x) Abgabe von Stellungnahmen zu den auf Unionsebene erarbeiteten Verhaltensregeln gemäß Artikel 40 Absatz 9

y) Führung eines öffentlich zugänglichen elektronischen Registers der Beschlüsse der Aufsichtsbehörden und Gerichte in Bezug auf Fragen, die im Rahmen des Kohärenzverfahrens behandelt wurden.

Die weiteren Artikel dieses Kapitels werden kurz zusammengefasst, teilweise unter Vernachlässigung der Absatzstruktur, da sie sich im Wesentlichen mit administrativen Einzelheiten befassen.

Artikel 71   Berichterstattung

Der Ausschuss erstellt Jahresberichte über seine Tätigkeit.

Artikel 72   Verfahrensweise

Beschreibt, wie z.B. Beschlüsse gefasst werden (mit einfacher Mehrheit).

Artikel 73   Vorsitz

Beschreibt, wie der Vorsitz gewählt wird.

Artikel 74   Aufgaben des Vorsitzes

Beschreibt, welche Aufgaben der Vorsitz wie wahrnimmt.

Artikel 75   Sekretariat

Beschreibt, wie das Sekretariat den Ausschuss unterstützt.

Artikel 76   Vertraulichkeit

Stellt die Vertraulichkeit von Dokumenten und der Arbeit des Ausschusses klar.

Kapitel VIII Rechtsbehelfe, Haftung und Sanktionen

Artikel 77   Recht auf Beschwerde bei einer Aufsichtsbehörde

(1) Du hast das Recht bei Verdacht auf eine unrechtmäßige Verarbeitung Deiner Daten, bei der zuständigen Aufsichtsbehörde Beschwerde einzulegen.

(2) Die Aufsichtsbehörde, bei der Du Beschwerde eingereicht hast, hält Dich über den Vorgang bzw. dessen Fortschritt auf dem Laufenden.

Artikel 78   Recht auf wirksamen gerichtlichen Rechtsbehelf gegen eine Aufsichtsbehörde

Bist Du der Meinung, dass eine Aufsichtsbehörde selbst einen falschen Beschluss gefasst hat, kannst Du dagegen vorgehen.

Artikel 79 Recht auf wirksamen gerichtlichen Rechtsbehelf gegen Verantwortliche oder Auftragsverarbeiter

Stellt klar, dass Du in jedem E-Staat gegen Verantwortliche und Auftragsverarbeiter gerichtlich vorgehen kannst.

Artikel 80 Vertretung von betroffenen Personen

(1) Wenn es das Recht Deines Landes zulässt, kannst Du eine Organisation ohne Gewinnerzielungsabsicht mit der Beschwerde gegen Verantwortliche und Auftragsverarbeiter bei einer Aufsichtsbehörde einreichen. Dieser Organisation würde dann auch den ggf. fälligen Schadenersatz zugesprochen werden.

(2) Weiterhin kann es ein EU-Staat auch zulassen, dass Organisationen ohne Gewinnerzielungsabsicht auch ohne Deine Beauftragung Beschwerde gegen Verantwortliche und Auftragsverarbeiter bei einer Aufsichtsbehörde einreichen.

Artikel 81 Aussetzung des Verfahrens

Diese Abschnitte regelt das Verfahren, wenn Gerichte in mehreren Staaten mit Verfahren in derselben Sache befasst sind bzw. wie sich die Gerichte in einem solchen Fall koordinieren bzw. einander den Fall überlassen.

Artikel 82 Haftung und Recht auf Schadenersatz

(1) Wenn Dir durch nicht DSGVO-konforme Verarbeitung Deiner persönlichen Daten ein materieller oder immaterieller Schaden entstanden ist, hast Du Anspruch auf Schadenersatz.

(2) Jeder an der Verarbeitung Deiner Daten beteiligten Verantwortliche und Auftragsverarbeiter haften in dem Maße, wie dieses die Ihnen durch dies DSGVO auferlegten Pflichten vernachlässigt haben.

(3) Verantwortliche und Auftragsverarbeiter können von der Haftung befreit werden, wenn diese nicht für den bei Dir entstandenen

Schaden verantwortlich gemacht werden kann.

(4) Sind mehrere Verantwortliche oder Auftragsverarbeiter an derselben Verarbeitung befasst, so haftet jeder Verantwortliche oder Auftragsverarbeiter für den gesamten entstandenen Schaden.

(5) Hat ein Verantwortlicher und Auftragsverarbeiter Schadenersatz an Dich gezahlt, kann er von den anderen Beteiligten entsprechende Teile des Schadenersatzes zurückfordern.

(6) Mit Schadensersatzansprüchen befassen sich die Gerichte der EU-Staaten.

Artikel 83   Allgemeine Bedingungen für die Verhängung von Geldbußen

Artikel 84   Sanktionen

(1) Geldbußen werden durch die Aufsichtsbehörden verhängt. Es können die einzelnen Mitgliedstaaten allerdings weitere Sanktionsmöglichkeiten für die Verletzung der DSGVO Neben den in der DSGVO festgelegten Geldbußen festlegen. Diese Sanktionen sollen laut DSGVO „wirksam, verhältnismäßig und abschreckend" sein. Dabei kann es sich z.B. um das endgültige Blocken der Website eines Verantwortlichen handeln, der notorisch die Vorschriften der DSGVO verletzt.

(2) Die Mitgliedstaaten müssen die Kommission über die von ihnen erlassenen Gesetze zu Sanktionen bei Verletzung der DSGVO unterrichten.

Kapitel IX Vorschriften für besondere Verarbeitungssituationen

Artikel 85   Verarbeitung und Freiheit der Meinungsäußerung und Informationsfreiheit

Die Mitgliedstaaten bringen durch entsprechende Gesetze das Recht auf den Schutz personenbezogener Daten gemäß DSGVO mit dem Recht auf freie Meinungsäußerung und Informationsfreiheit in Einklang. Dazu zählen u.a. die Verarbeitung zu journalistischen Zwecken und zu wissenschaftlichen, künstlerischen oder literarischen Zwecken.

> *Dies ist eine Öffnungsklausel im Sinne einer „Andockstelle für nationale Gesetze. Wird dies nicht geschehen, so müssten Die Gerichte sich mit vielen Einzelfällen beschäftigen, für die entschieden werden muss, welcher Journalismus im öffentlichen Interesse liegt und welcher nicht, z.B. staatliche Medien, private Medienhäuser, freie Journalisten oder Blogger.*

(2) Für die Verarbeitung, die zu journalistischen Zwecken oder zu wissenschaftlichen, künstlerischen oder literarischen Zwecken erfolgt, sehen die Mitgliedstaaten Abweichungen oder Ausnahmen von den in den Kapiteln II bis VII und IX der DSGVO niedergelegten Vorschriften vor. Die Motivation für solche Ausnahmen ist die Erforderlichkeit, das Recht auf Schutz der personenbezogenen Daten mit der Freiheit der Meinungsäußerung und der Informationsfreiheit in Einklang zu bringen.

(3) Jeder Mitgliedstaat muss der Kommission die Rechtsvorschriften, die er aufgrund dieser Ausnahmen erlassen hat, unverzüglich mitteilen.

Artikel 86   Verarbeitung und Zugang der Öffentlichkeit zu amtlichen Dokumenten

Personenbezogene Daten in amtlichen Dokumenten können von Behörden oder privaten Einrichtungen zur Erfüllung einer im öffentlichen Interesse liegenden Aufgabe offengelegt werden.

Artikel 87   Verarbeitung der nationalen Kennziffer

> *Die „Nationale Kennziffer" ist übergreifende Personal-ID, die Dich in allen Ämtern und Registern identifiziert. In Deutschland gibt es so etwas (noch) nicht, in anderen EU-Staaten, wie z.B. Schweden, schon.*

Die Mitgliedstaaten der EU bestimmen selbst, unter welchen Bedingungen eine nationale Kennziffer oder andere Kennzeichen Teil der Verarbeitung personenbezogener Daten sein dürfen. In diesem Fall darf die nationale Kennziffer oder das andere Kennzeichen von allgemeiner Bedeutung nur unter Wahrung geeigneter Garantien für die Rechte und Freiheiten der betroffenen Person gemäß dieser Verordnung verwendet werden.

> *Die DSGVO scheint der Einführung einer über alle Register eindeutigen Personal-ID also nicht unkritisch gegenüber zu stehen.*

Artikel 88   Datenverarbeitung im Beschäftigungskontext

(1) Für die Verarbeitung Deiner persönlichen Daten im Beschäftigungskontext (Einstellung, Erfüllung des Arbeitsvertrages) können die Mitgliedstaaten eigene weiterführende Gesetze erlassen. Diese sollen den Schutz Der Rechte und Freiheiten der Arbeitnehmer sichern und insbesondere der Gleichheit und Diversität sowie der Sicherheit und Gesundheit am Arbeitsplatz dienen.

(2) Diese Vorschriften umfassen insbesondere Maßnahmen zur Wahrung der menschlichen Würde, der berechtigten Interessen und

der Grundrechte der betroffenen Person, insbesondere im Hinblick auf die Transparenz der Verarbeitung, die Übermittlung personenbezogener Daten innerhalb einer und die Überwachungssysteme am Arbeitsplatz.

(3) Jeder Mitgliedstaat teilt der Kommission bis zum 25. Mai 2018 die Rechtsvorschriften zu diesem Artikel mit, sowie unverzüglich alle späteren Änderungen dieser Vorschriften.

Artikel 89   Garantien und Ausnahmen in Bezug auf die Verarbeitung zu im öffentlichen Interesse liegenden Archivzwecken, zu wissenschaftlichen oder historischen Forschungszwecken und zu statistischen Zwecken

(1) Der Schutz Deiner Daten bei der Verarbeitung für im öffentlichen Interesse liegenden Archivzwecken, zu wissenschaftlichen oder historischen Forschungszwecken oder zu statistischen Zwecken unterliegt geeigneten Garantien, die Deine Rechte und Freiheiten der schützen sollen.

Diese Garantien stellen sicher, dass technische und organisatorische Maßnahmen bestehen, insbesondere zur Datenminimierung und Sicherung (Pseudonymisierung).

(2) Bei der Verarbeitung Deiner Daten zu wissenschaftlichen oder historischen Forschungszwecken oder zu statistischen Zwecken verarbeitet, können allerdings Ausnahmen von den Rechten gemäß der Artikel 15, 16, 18 und 21 vorgesehen werden.

(3) Werden personenbezogene Daten für im öffentlichen Interesse liegende Archivzwecke verarbeitet, gelten prinzipiell dieselben Regeln wie zuvor in Absatz (2) dieses Artikels beschrieben.

(4) Dient die in den Absätzen 2 und 3 genannte Verarbeitung

gleichzeitig einem anderen Zweck, gelten die Ausnahmen nur für die Verarbeitung zu den in diesen Absätzen genannten Zwecken.

Artikel 90   Geheimhaltungspflichten

(1) Die Mitgliedstaaten können die Befugnisse der Aufsichtsbehörden gegenüber Verantwortlichen und Auftragsverarbeitern hinsichtlich der Geheimhaltungspflicht und Berufsgeheimnisses regeln. Generell gilt mal wieder, dass Dein Recht zum Schutz Deiner persönlichen Daten in Einklang mit der Pflicht zur Geheimhaltung ist.

(2) Jeder Mitgliedstaat muss der Kommission bis zum 25. Mai 2018 mitteilen, welche Vorschriften er zu den Geheimhaltungspflichten erlassen hat. Jeder Mitgliedstaat muss die Kommission auch weiterhin über alle zukünftigen Änderungen seiner Vorschriften in Kenntnis setzen.

Artikel 91   Bestehende Datenschutzvorschriften von Kirchen und religiösen Vereinigungen oder Gemeinschaften

(1) Religiöse Vereinigungen sind prinzipiell auch der DSGVO unterworfen. Sollten bereits eigen Regelungen existieren, müssen diese mit der DSGVO in Einklang gebracht werden.

(2) Jeder Mitgliedstaat muss der Kommission bis zum 25. Mai 2018 mitteilen, welche Vorschriften er zu den Geheimhaltungspflichten erlassen hat. Jeder Mitgliedstaat muss die Kommission auch weiterhin über alle zukünftigen Änderungen seiner Vorschriften in Kenntnis setzen.

Kapitel X Delegierte Rechtsakte und Durchführungsrechtsakte

Artikel 92   Ausübung der Befugnisübertragung

Dieser Artikel beschreibt, wie der Datenschutz-Kommission ihre Befugnisse übertragen werden.

Artikel 93   Ausschussverfahren

Dieser Artikel sagt aus, dass die Kommission durch einen Ausschuss unterstütz und verweist auf das jeweilige EU-Recht.

Kapitel XI Schlussbestimmungen

Artikel 94   Aufhebung der Richtlinie 95/46/EG

Die bereits erwähnte bestehende Datenschutz-Richtlinie 95/46/EG wird durch die DSGVO abgelöst und verliert mit deren endgültigen Inkrafttreten am 25. Mai 2018 ihre Gültigkeit

Artikel 95   Verhältnis zur Richtlinie 2002/58/EG

Diese Richtlinie befasst sich mit dem Verhältnis zur bestehenden Datenschutzrichtline und stellt fest, dass die DSGVO die Richtlinie 2002/58/EG nicht verschärft.

Artikel 96   Verhältnis zu bereits geschlossenen Übereinkünften

Alle bisherigen Übereinkünfte hinsichtlich der Übermittlung personenbezogener Daten an Drittländer, die vor dem 24. Mai 2018 geschlossen wurden, bleiben in Kraft, bis sie geändert oder gekündigt werden.

Artikel 97   Berichte der Kommission

Dieser Artikel legt fest, wem die Kommission in welchen Zeitabständen Bericht erstattet.

Artikel 98   Überprüfung anderer Rechtsakte der Union zum Datenschutz

Die Kommission kann durchaus Vorschläge zur Änderung von anderen Gesetzen in der EU machen, die die Angleichung dieser Gesetze an den Schutz personenbezogener Daten zum Ziel haben, wie sie die DSGVO vorsieht.

Artikel 99   Inkrafttreten und Anwendung

(1) Die DSGVO tritt am zwanzigsten Tag nach ihrer Veröffentlichung im Amtsblatt der Europäischen Union in Kraft.

(2) Die DSGVO gilt ab dem 25. Mai 2018.

Diese Verordnung ist in allen ihren Teilen verbindlich und gilt unmittelbar in jedem Mitgliedstaat.

Lars Dibbern

Anhang: DSGVO vs. GDPR – Begriffe

Dieser Abschnitt stellt die Begriffsdefinitionen des Artikel 4 der DSGVO den entsprechenden englischsprachigen Begriffen gegenüber, die ebenso in „Article 4" der „General Data Protection Regulation".

No	English Term (GDPR)	Deutscher Begriff (DSGVO)
1.	Personal data	Personenbezogene Daten
2.	Processing	Verarbeitung
3.	Restriction	Einschränkung
4.	Profiling	Profiling
5.	Pseudonymisation	Pseudonymisierung
6.	Filing system	Dateisystem
7.	Controller	Verantwortlicher
8.	Processor	Auftragsverarbeiter
9.	Recipient	Empfänger
10.	Third party	Dritter
11.	Consent	Einwilligung
12.	Personal data breach	Verletzung
13.	Genetic data	Genetische Daten
14.	Biometric data	biometrische Daten
15.	Data concerning health	Gesundheitsdaten
16.	Main establishment	Hauptniederlassung
17.	Representative	Vertreter
18.	Enterprise	Unternehmen
19.	Group of undertakings	Unternehmensgruppe
20.	Binding corporate rules	verbindliche interne Datenschutzvorschriften
21.	Supervisory authority	Aufsichtsbehörde
22.	Supervisory authority concerned	betroffene Aufsichtsbehörde
23.	Cross-border processing	grenzüberschreitende Verarbeitung
24.	Relevant and reasoned objection	maßgeblicher und begründeter Einspruch
25.	Information society service	Dienst der Informationsgesellschaft
26.	International organisation	internationale Organisation

www.ingramcontent.com/pod-product-compliance
Lightning Source LLC
Chambersburg PA
CBHW052317220526
45472CB00001B/164